Brasil de Amanhã

O Futuro do Brasil,
à luz das Profecias

Brasil de Amanhã

O Futuro do Brasil, à luz das Profecias

Brasil de Amanhã - O Futuro do Brasil, à luz das Profecias
Copyright by Fundação Espírita André Luiz

Mundo Maior Editora
Fundação Espírita André Luiz

Diretoria Editorial: Onofre Astinfero Baptista
Editor: Antonio Ribeiro Guimarães
Assistente Editorial: Marta Moro
Criação de Capa: Helen Winkler
Diagramação: Eckel Wayne

Rua São Gabriel, 364 térreo
Guarulhos/SP – CEP 07056-090
Tel.: (11) 4964-4700

www.mundomaior.com.br
e-mail: editorial@editoramundomaior.com.br

Dados Internacionais de Catalogação na Publicação (CIP)
(Câmara Brasileira do Livro, SP, Brasil)

Frigéri, Mário Ribeiro
    Brasil de amanhã : o futuro do Brasil, à luz
das profecias / Mário Ribeiro Frigéri. --
São Paulo : Mundo Maior Editora, 2013.
Editora, 2013.

    Bibliografia

    1. Espiritismo 2. Poesia espírita 3. Profecias

I. Título.

13-08315   CDD-133.901

Índices para catálogo sistemático:
1. Espiritismo : Doutrina espírita   133.901

Dedico este livro ao Senhor das Profecias,

Nosso Senhor Jesus Cristo,

Príncipe da Paz, Fundador e Governante Supremo do planeta Terra, para quem o passado, o presente e o futuro são a instantaneidade na Eternidade.

Enchei-vos de esperança, vós que entrais

– Podemos facilmente perdoar uma criança que tem medo do escuro; a verdadeira tragédia da vida é quando os homens têm medo da luz. (Platão)

– O que é obscuro acaba sendo entendido; o nitidamente óbvio é que às vezes leva mais tempo. (Anônimo)

– É incrível o quanto você ainda tem de aprender até aprender que nada aprendeu. (Anônimo)

– Nós não sabemos a milionésima parte de 1% de nada. (Thomas A. Edison)

– Eu uso não só toda a inteligência que tenho, mas também toda a que posso tomar emprestada. (Woodrow Wilson)

– É pela lógica que provamos, mas é pela intuição que descobrimos. (H. Poincaré)

– No que lhes parece risível é que os homens mais revelam o próprio caráter. (Goethe)

– Se você encontrar um caminho sem obstáculos, provavelmente não leva a lugar nenhum. (Anônimo)

– Diz-se que quando a ciência finalmente chegar ao topo da montanha, descobrirá que a religião esteve lá sentada o tempo todo. (Citado por Peter O'Toole)

– Tudo o que já vi me ensina a confiar no Criador para o que ainda não vi. (Ralph W. Emerson)

– Não me incomodaria se os mansos herdassem a Terra, desde que pudesse ter certeza de que continuariam mansos depois da posse. (Anônimo)

– Duas coisas indicam poder: – calar quando é preciso calar, e falar quando é preciso falar. (Anônimo)

Poema de abertura

Brasil de Jesus

> "Brasil, Coração do Mundo, Pátria do Evangelho."
> Humberto de Campos

Paira sobre o Brasil um Brasil refulgente,
Cuja palma da mão mostra ao mundo a semente
De um País novo, em flor, sucedâneo do velho,
Frutescendo feliz sob a lei do Evangelho.

Nova Jerusalém – Éden da Árvore Divina
Que o Senhor transplantou da ancestral Palestina –,
Ele é a fonte do Bem, berço augusto e proscênio
Do Homem nobre e veraz do Terceiro Milênio.

E esse Sol-Coração desce à Terra ensombrada,
Empolgando e exalçando o país do altruísmo,
Transfundindo-lhe a luz de esplendente alvorada.

Fulge a nova Nação... Jorra o Amor mais fecundo...
É o Brasil de Jesus – Brasil do Espiritismo:
A Pátria do Evangelho – o Coração do Mundo!

Epígrafe: BCMPE*, título.
Para abreviaturas de títulos de livros, veja **Bibliografia, na p. 201.*
Nota 1: Entre as obras relacionadas na Bibliografia, há algumas consideradas "não ortodoxas" por doutos doutrinadores, mas que o autor cita por levar em conta, acima de tudo – segundo a judiciosa orientação de Allan Kardec –, o teor de sua mensagem, em perfeita consonância com os autores mais consagrados. Além disso, a citação de trechos de uma obra não significa a recomendação de toda ela. Já dizia São Paulo: "Lede tudo; retende o que é bom."

No Limiar da Nova Era

A Terra freme de alegria; aproxima-se o dia do Senhor; todos os que entre nós estão à frente disputam porfiadamente por entrar na liça. Uma eternidade está a ponto de expirar, uma eternidade gloriosa vai despontar em breve e Deus conta seus filhos.

O reinado do ouro cederá lugar a um reinado mais puro; o pensamento será dentro em pouco soberano e os Espíritos de escol, que hão vindo desde remotas eras iluminar os séculos em que viveram e servir de balizas aos séculos vindouros, encarnarão entre vós. Que digo? Muitos se acham encarnados.

Sim, os pais do progresso do espírito humano deixaram, uns, as suas moradas radiosas; outros, grandes trabalhos, em que a felicidade se junta ao prazer de instruir-se, para retomarem o bastão de peregrinos, que apenas haviam deposto no limiar do templo da Ciência, e daqui a pouco, dos quatro cantos do globo, os sábios oficiais ouvirão, apavorados, jovens imberbes a lhes retorquir, numa linguagem profunda, aos argumentos que eles julgavam irrefutáveis.

O velho mundo carcomido estala por toda parte; o velho mundo acaba e com ele todos esses velhos dogmas, que só reluzem ainda pelo dourado que os cobre. Espíritos valorosos, cabe-vos a tarefa de raspar esse ouro falso. Para trás, vós que em vão quereis escorar o velho ídolo. Atingido de todos os lados, ele vai ruir e vos arrastará na sua queda.

Para trás, todos vós negadores do progresso; para trás, com as vossas crenças de uma época que se foi. Por que negais o progresso e vos esforçais por detê-lo? Onde estará o novo Crisóstomo, cuja potente palavra reduzirá a nada esse dilúvio de raciocinadores? Em vão o esperais; nada mais podem as vossas mais vigorosas e mais conceituadas penas. Eles se obstinam em agarrar-se ao passado que se vai, quando a nova geração, num impulso irresistível que a impele para a frente, exclama: Não, nada de passado; a nós o futuro; nova aurora se ergue e é para lá que tendem as nossas aspirações!

Aí está a meta, meus amigos. Por demais aguerridos são os campeões, para que seja duvidoso o êxito. Deus escolheu a nata dos seus combatentes e a vitória é alcançada para a Humanidade.

Rejubilai-vos, pois, todos vós que aspirais à felicidade e que desejais participem dela os vossos irmãos, como vós mesmos: o dia chegou! A Terra trepida de alegria, porquanto vai assistir ao começo do reinado da paz que o Cristo, o divino Mestre, prometeu, reinado cujos fundamentos ele desceu a assentar.

Um Espírito[1]

---

1 OP, texto condensado de "A nova geração", p. 314/7.

Sumário

Introdução - Métodos de Interpretação das Profecias............ 17

A Janela Galáctica de Patmos

Preâmbulo - Vendo o Amanhã com Jesus.......................... 23

Determinismo e Livre-arbítrio 27

As Leis da História 31

1ª Parte

Profecias que já se cumpriram

Pão de Luz (Poema) 35

Isaías Anuncia o Cristo 37

Belém na Profecia 39

O Precursor 41

As Parábolas 42

Pedra Angular 44

As Predições 45

Jesus Cria os Acontecimentos 48

A Traição de Judas 51

A Clarividência do Cristo 52

A Crucificação 54

Os Três Dias no Seio da Terra 57

Ressurreição 58

O Domingo da Ressurreição, Passo a Passo 60

O Evangelho de Isaías 65

Ascensão e Volta 67

Desvelando o Futuro - A Destruição de Jerusalém 71

A Vinda do Consolador 77

2ª Parte

Profecias que ainda não se cumpriram

O Anjo do Abismo (Poema) 87

O Surgimento do Anticristo 89

Pátria Sagrada (Poema) 99

O Brasil e o Novo Êxodo 101

Guerra e Paz (Poema) 117

O Rebanho Único 119

Ai dos Habitantes da Terra! (Poema) 127

O Novo Céu e a Nova Terra 133

3ª Parte

Conclusão

O Brasil no Apocalipse (Poema) 153

O que Virá a Seguir 155

Adendo1 : A Grande Transição 181

Adendo 2: Placas tectônicas 187

Adendo 3: Precessão dos Equinócios 191

Adendo 4: A Ciência Enlouquecida 195

O Príncipe de Branco (Poema) 199

Bibliografia 201

Introdução

Métodos de Interpretação das Profecias

Há três pensamentos na Bíblia Sagrada sobre profecia que são verdadeiras joias espirituais.

O primeiro é este: *"Bem-aventurados aqueles que leem e aqueles que ouvem as palavras da profecia e guardam as coisas nela escritas, pois o tempo está próximo". (Apoc. 1:3.)*

Observam os estudiosos das Sagradas Escrituras, notadamente Uriah Smith, que em nenhuma parte da palavra divina há uma bênção tão direta e incisiva quanto essa, de encorajamento ao estudo da profecia. E mesmo assim afirmaremos que a profecia não pode ser compreendida? É o caso de perguntar-se: Será essa bênção oferecida inutilmente ao estudo de algo que não trará nenhum proveito para nós? Certamente que não.

Todo período de decadência moral da civilização é assinalado pelo recrudescimento das mensagens proféticas e, paradoxalmente, em decorrência da ignorância espiritual que amesquinha o ser humano, pelo temor ou desprezo a elas. Oxalá o homem moderno, sintonizado com as diretrizes espirituais dos novos tempos, possa receber, nesta era do mais escancarado materialismo em que vivemos, a bênção prometida nesse versículo aos que ouvem as palavras da profecia e guardam as coisas nela escritas. Porque os tempos são chegados.

O segundo é este: *"Não desprezeis as profecias; julgai todas as coisas, retende o que é bom". (Paulo, I Tes. 5:20/1.)*

Aqui se estabelece o princípio inviolável do livre-arbítrio também no que tange ao estudo das profecias. O buscador deve reter, por cautela, somente aquilo que seu entendimento puder aceitar, pondo-se em guarda, porém, contra a incredulidade e o desprezo *pessoais* em relação àquela parte que, para ele, se perde no incognoscível. O imperativo é permanecer independente no julgamento, mas mantendo-se em franca abertura mental ao processo expansivo da própria consciência, visto que a luz da Verdade só se revela gradativamente aos que a buscam com afinco e de todo o coração.

O terceiro é este: *"(...) a profecia é um sinal, não para os incrédulos, mas para os que creem". (Paulo, I Cor. 14:22.)*

Crer aqui se compreende à luz daquele critério clarividente estabelecido por Allan Kardec nos meados do século XIX: *"Não há fé inabalável, senão a que possa encarar face a face a razão, em todas as épocas da Humanidade. A fé necessita de base e esta base consiste na inteligência perfeita daquilo em que se haja de crer. Para crer, não basta ver, é, sobretudo, preciso compreender"*.

Para os que já se alçaram a esse patamar superior de *fé, razão, crença e compreensão,* a profecia é um sinal muito poderoso, porque revela o planejamento divino quanto ao estabelecimento do Reino de Deus no mundo (entenda-se: nos corações), aquele Reino que, uma vez estabelecido, nunca mais terá fim, como se lê em Daniel. Para eles, a profecia é um sinal reconfortante. Para os incrédulos restará o tempo, com seu faiscante esmeril.

Neste livro, a interpretação das profecias do Cristo – proferidas por ele ou por meio de Seus emissários, os profetas –, é feita da maneira mais impessoal, ampla e equidistante possível, atentando-se para a advertência de Pedro, quando escreve que "nenhuma profecia da Escritura provém de particular elucidação". (II Ped., 1:20.)

Há quatro métodos mais acreditados de interpretação das profecias:

a) **alegórico**, pelo qual tudo se reduz a símbolos na história do Cristianismo;

b) **preterista**, em que tudo já se realizou nos grandes impérios do passado;

c) **futurista**, segundo o qual tudo se realizará por ocasião do Juízo Final;

d) **histórico-profético**, em que os acontecimentos históricos são o melhor intérprete das profecias no passado, presente e futuro.

Adota-se, neste estudo, o método **histórico-profético**, por ser o mais racional e aderente aos fatos, recorrendo-se aos demais apenas subsidiariamente.

Por fim, a profecia tem corpo (a letra) e tem espírito (o sentido). Ao corpo todos têm acesso; ao espírito, somente os que negaram-se a si mesmos, tomaram sua cruz e encetaram a própria caminhada sobre as pegadas do Divino Mestre. Não pode haver sólida interpretação da profecia, nem compreensão real de seu significado, onde não haja vivência fática da Verdade nem adesão ao espírito sacrificial do Cristo. É o que significa a advertência do anjo a João, no Apocalipse, quando este quis adorá-lo: "Não faças isto; sou conservo teu e dos teus irmãos que mantêm o testemunho de Jesus, ***pois o testemunho de Jesus é o espírito da profecia"***. (19:10.)

O essencial está dito. Mais duas observações e encerramos esse ponto:

1) Não serão encontradas afirmações absolutas nas páginas que se seguem. A única afirmação absoluta é esta: tudo é relativo. Principalmente no campo da profecia. E é sob esse prisma que deve ser entendido o trabalho apresentado. O autor é um amante e profundo estudioso das profecias, mas sem bola de cristal. Por isso, em nenhum momento ele diz *que é* – mas a todo momento afirma *que pode ser*.

2) O que está dito adiante é fruto de estudos e pesquisas, análises e sínteses, deduções e conclusões fundados na lógica mais objetiva e na mais criteriosa razão. Este livro resulta de um severo e paciente estudo das Profecias de ordem superior e da História, embasado na luz esclarecedora da Ciência Espírita. Os vislumbres de futuro apresentados são produzidos pela projeção dinâmica e prospectiva de fatos conhecidos, iluminados pela apreensão e compreensão racional e intuitiva dos conteúdos proféticos. É tudo fruto de cerebração humana. Não se cogita de trípode de bronze nem de práticas nigromânticas. Não há também, infelizmente, revelações de altas esferas. Porque – como pergunta o filósofo – de que adianta ao homem saber, *se ele não sabe amar?* Neste particular, fazemos nossa a tese de Leopoldo Cirne:

*"Em matéria de novas revelações, por agora, é preciso aprender a amar **para conhecer**, assim como quem se dispõe a sangrar os pés na escabrosa subida para alcançar os cimos e descortinar mais amplos trechos da paisagem na grandeza da luz"*. (SV, p. 145.)

Portanto, é esquadrinhar tudo com os pés bem plantados no chão.

Nota 2: *Todos os itálicos deste livro são do autor, exceto os ressalvados. Há muitas citações ao longo da obra, sempre com fidelidade ao original e nomeação dos autores. Os textos bíblicos, quando não mencionado outro tradutor, são de João Ferreira de Almeida.*

A Janela Galáctica de Patmos

Vendo o Amanhã com Jesus

> *"Oh! Povo meu! Debulhado e batido como o grão da minha eira! O que ouvi do Senhor dos Exércitos, Deus de Israel, isso vos anunciei."*
> Isaías, 21:10.

Preâmbulo

O que é profecia? É a predição do futuro, ou seja, de fatos que ainda estão por acontecer. Segundo um princípio iniciático, "Deus escreveu a história com antecedência e deu-lhe um nome: Profecia". Muitos temem até mesmo conhecê-las, porque elas parecem malignar o futuro, quando, na verdade, apenas velam – enquanto não interpretadas corretamente – e depois desvelam o que há de vir e que é consequência do que já foi. Profecia é luz do céu, não espada de Dâmocles.

Por esse início percebe-se que não estaremos tratando aqui de futurologia, no sentido léxico, ou seja, de conjunto de estudos que especulam sobre a evolução da técnica, da tecnologia, da ciência, da economia, do plano social, com vistas à previsão do futuro. Nem de elaborações mais ou menos futurológicas, romanceadas ou com tintas científicas, como as constantes de A República, de Platão, A Cidade de Deus, de Santo Agostinho, a Utopia, de Thomas Morus, A Nova Atlântida, de Francis Bacon, A Cidade do Sol, de Campanella, além dos escritos de Júlio Verne, E. Bellamy, H. G. Wells, Malthus, J. B. S. Haldane, Bertrand Russel, ou Aldous Huxley, com o seu Admirável Mundo Novo. Não. Todos olharam o futuro a partir da realidade humana. Em que pese a seu esforço, muito importante e útil sob o prisma humano, podem ser enquadrados nesta advertência de Tiago, em sua Epístola: "Vós não sabeis o que sucederá amanhã. Que é a vossa vida? Sois apenas como neblina que aparece por instante e logo se dissipa" (4:14).

As profecias, porém (referimo-nos às profecias de origem superior, principalmente as contidas na Bíblia Sagrada), contêm o futuro da Humanidade e do planeta a partir de uma concepção divina. A elas, quase que exclusivamente, nos ateremos neste estudo, subordinando tudo, porém, ao indeclinável crivo da razão e empregando, sempre que dela formos digno, a chave que a Terceira Revelação nos faculta para esse elevado fim: "(...) Todas as **Escrituras** encerram grandes verdades sob o véu da alegoria e, por se terem apegado à letra, é que os comentadores se transviaram. Faltou-lhes a chave para lhes compreenderem o verdadeiro sentido. *Essa chave está nas descobertas da Ciência e nas leis do mundo invisível, que o Espiritismo vem revelar.* Daqui em diante, com o auxílio desses novos conhecimentos, o que era obscuro se tornará claro e inteligível". (OP, p. 321.)

Que chave é essa? É principalmente a Lei da Reencarnação (como veremos mais à frente), sem a qual nada se explica de forma racional neste mundo.

Quando se fala em profecia, fala-se naturalmente em futurível. O teólogo espanhol Luís de Molina criou esse termo, forjado como contração de *futur(o) (poss)ível*, no sentido de "o que tem o poder de vir a ser, dentre outros que também o tenham, sem que necessariamente o venha". O conceito já dicionarizado é mais explícito: "Um dos vários modelos possíveis do futuro da humanidade, competindo à teologia investigar se a onisciência divina conhece ou não qual deles emergirá, e aos homens, no seu livre-arbítrio, tomarem ou não o caminho que os levará a esse futurível". (Aurélio.)

Quem recebe e profere a profecia é o chamado profeta. E o que é um profeta?

"O verdadeiro profeta – escreve Kardec – é um enviado de Deus para advertir ou esclarecer a Humanidade. Ora, um enviado de Deus só pode ser um Espírito Superior e, como homem, um homem de bem. Será reconhecido por seus atos, que trarão o cunho de sua superioridade, e pelas grandes coisas que realizará *pelo bem e para o bem*, e que revelarão sua missão, sobretudo às gerações futuras, pois que, conduzido muitas vezes e sem o saber por uma força superior, quase sempre se ignora a si mesmo. Não será, pois, ele que se atribuirá essa qualidade: são os homens que o reconhecerão como tal, as mais das vezes após a sua morte." (VE, p. 129/130.) (Grifo do original.)

Profetizar é, assim, uma faculdade ou dom especial que os profetas trazem por missão. Entretanto, não podem ser considerados autores das profecias. Muitas vezes eles próprios não entendem o que estão profetizando, como se vê em Daniel, 12:8, exatamente como o médium que psicografa numa língua desconhecida. O nascedouro da profecia remonta, dessa forma, a fonte muito superior, em última instância, ao próprio Deus. Os profetas autênticos, felizmente, são de todos os tempos e de todos os lugares, como bem assinala Emmanuel (OC, questão nº 278), exemplificando, dentre os extrabíblicos, com Çakyamuni, Confúcio e Sócrates.

Na questão nº 276 da obra citada, Emmanuel confirma a origem divina da profecia, afirmando que "nos textos sagrados das fontes divinas do

Cristianismo, *as previsões e predições se efetuaram sob a ação direta do Senhor,* (...)".

Em suma: a profecia é a prova da presença do sinete celestial quando se trata do conhecimento de acontecimentos futuros. Isaías, em 41:21/3, até simula uma altercação entre o Senhor e os homens, opondo a clarividência do Céu à cegueira da Terra, para ressaltar esse selo divino:

"Apresentai a vossa demanda, diz o Senhor; alegai as vossas razões, diz o Rei de Jacó. Trazei e anunciai-nos as coisas que hão de acontecer; relatai-nos as profecias anteriores, para que atentemos para elas, e saibamos se se cumpriram; ou fazei-nos ouvir as coisas futuras. Anunciai-nos as coisas que ainda hão de vir, *para que saibamos que sois deuses;* (...)".

Para Isaac Newton – matemático, físico e astrônomo, formulador da lei da gravitação universal e, também, o que muitos desconhecem, assíduo estudioso da Palavra Divina –, a insensatez dos intérpretes tem sido predizer tempos e coisas, como se Deus os tivesse feito profetas. Por essa precipitação, não só se expuseram ao ridículo, como atraíram o desprezo do mundo para as profecias. O desígnio de Deus era outro. Ele deu as profecias, não para satisfazer a curiosidade humana, permitindo-lhe um prévio conhecimento das coisas, mas para que, depois de cumpridas, pudessem ser interpretadas pelo evento, e, assim, a Providência de Deus – e não os intérpretes – fosse por elas revelada ao mundo. E completa: "Pois a realização de coisas preditas com grande antecedência será um argumento convincente *de que o mundo é governado por Deus*". (APDA, p. 231.)

E o futuro pode ser previsto, porque, em seus lineamentos fundamentais, ele já se encontra traçado. A revelação do que há de vir, no entanto, não é frequente e deve obedecer a critérios de alta relevância do ponto de vista espiritual. Uma de suas finalidades é *descoisificar* o ser humano, deixando transparente que a vida obedece a uma programação divina, cujo fim é guindar seu ator principal, o homem, aos altos cimos da espiritualidade.

Na obra citada, dentro da resposta à questão nº 144, Emmanuel discorre que "as existências humanas *estão subordinadas a um mapa de provas gerais,* onde a personalidade deve movimentar-se com o seu esforço para a iluminação do porvir, e, dentro desse roteiro, *os mentores espirituais mais elevados podem organizar os fatos premonitórios,* quando convenham à demonstração de que o homem não se resume a um conglomerado de elementos químicos, de conformidade com a definição do materialismo dissolvente".

Com a mesma sintonia falam os grandes luminares a Allan Kardec, quando, em **O Livro dos Espíritos**, na questão nº 868, o Codificador lhes pergunta se o futuro pode ser revelado ao homem.

Resposta: "Em princípio, o futuro lhe é oculto *e somente em casos raros e excepcionais Deus permite que seja revelado*".

O Mestre volta cartesianamente à carga, na questão nº 870:

– "Mas, se convém que o futuro permaneça oculto, por que Deus permite que ele seja revelado algumas vezes?"

Resposta: "Ele o permite *quando esse conhecimento prévio deve facilitar a execução de alguma coisa,* ao invés de dificultá-la, obrigando o homem a agir de modo diverso do que faria, caso não tivesse esse conhecimento. (…)".

Respondendo às perguntas de um dos príncipes de sua época, o Príncipe G., Kardec, em uma das passagens de sua longa e elucidativa resposta, faz a seguinte ponderação sobre o conhecimento do futuro:

"Os Espíritos não conhecem o futuro senão em razão de sua elevação. Os inferiores nem mesmo o seu próprio futuro conhecem e, com mais forte razão, desconhecem o dos outros. *Os Espíritos superiores o conhecem,* mas nem sempre lhes é permitido revelá-lo. *Em princípio,* e por um sábio desígnio da Providência, o futuro nos deve ser ocultado. Se o conhecêssemos, nosso livre-arbítrio seria tolhido. A certeza do sucesso tirar-nos-ia a vontade de fazer qualquer coisa, porque não veríamos a necessidade de nos darmos a esse trabalho; a certeza de uma desgraça nos desencorajaria".

"Todavia, *há casos em que o conhecimento do futuro pode ser útil,* embora, nessa situação, jamais possamos ser juízes. Os Espíritos no-lo revelam *quando o julgam conveniente e quando têm a permissão de Deus.* Então o fazem espontaneamente e não a pedido nosso. É preciso esperar com confiança a oportunidade e, sobretudo, não insistir em caso de recusa, pois, de outro modo, correríamos o risco de tratar com Espíritos leviano, que se divertem à nossa custa". (RE, Ano II, 1869, p. 14/5.)

Como se vê, principalmente do que foi dito acima pelas entidades superiores em resposta às questões propostas pelo Codificador, é impossível falar de profecia sem bater de frente com o antigo dualismo humano fatalismo/livre-arbítrio.

É o que veremos no próximo capítulo.

Determinismo e Livre-arbítrio

A pergunta que se põe é a seguinte: se o futuro está determinado e, por isso, pode ser previsto, então há um determinismo ou fatalismo, traçado pela Lei Divina, que pode abranger desde o minuto seguinte até os milênios futuros, tornando o homem um mero autômato no jogo da existência? E onde fica, nesse universal e inexorável fluir, o livre-arbítrio humano?

A explanação de Sua Voz, mentor de Pietro Ubaldi, lança esclarecedora luz sobre a questão:

"Não confundais a ordem e a presença da Lei com um automatismo mecânico e um fatalismo absurdo. A ordem, já vos disse, não é rígida, mas contém espaços de elasticidade, possui subdivisões de desordem, de imperfeição; complica-se em reações, mas permanece ordem e lei no conjunto, no absoluto. Um exemplo: ante a vontade da Lei tendes a vontade do vosso livre-arbítrio; mas é vontade menor, contida, circunscrita por aquela vontade maior; podeis vos agitar a vosso bel-prazer, mas sempre como num recinto, nunca fora dele".

"Este movimento vos é concedido porque é necessário que, num certo âmbito que vos diz respeito, sejais livres e responsáveis e possais assim, em liberdade e responsabilidade, conquistar a vossa felicidade. Tenho resolvido, assim de passagem, o conflito, para vós insolúvel, entre determinismo e livre-arbítrio. Estes conceitos levar-vos-ão, depois, à concepção de uma moral científica e exata". (AGS, Capítulo VII.)

O tema já permeava, antes, a Doutrina Espírita e foi tratado exaustivamente por Allan Kardec em várias passagens de **O Livro dos Espíritos**, mormente nas questões 259, 526, 527, 859-a e 861, bem como na 872. Nesta última, há um abalizado estudo do Mestre intitulado "Resumo teórico do móvel das ações do homem".

Atrevo-me a apresentar uma imagem singela que, de certa forma, poderá ilustrar o argumento. Suponhamos que certo passageiro embarque numa composição ferroviária em São José do Rio Preto, a 450 km da capital paulista, com destino a São Paulo, como eu mesmo costumava fazer na década de 1970. Os pontos de origem e de destino estão previamente traçados. Ele nada poderá fazer quanto a isso. No entanto, terá liberdade, durante a viagem, para almoçar no vagão-restaurante; caminhar do primeiro ao último vagão, e vice-versa, se assim o desejar; dormir numa poltrona-leito ou no carro-dormitório; ler um jornal ou uma revista e até mesmo descer em alguma estação do caminho, nas escalas para embarque e desembarque, e tomar depois o trem seguinte. E o curioso é que, mesmo caminhando dentro do trem *ao arrepio* do movimento deste, ainda assim o passageiro estará avançando para a meta, porque, para cada passo dado a contrapelo, o comboio terá avançado vários metros.

O mesmo, em tese, ocorre com os integrantes da Humanidade, em qualquer ponto do Universo. E mesmo antes do período em que o ser passa a integrar o reino humano, naquela fase em que o *princípio espiritual* – ainda não Espírito completamente formado – começa a se tornar consciente de sua existência. Quando ele desperta para a realidade exterior, já se vê encaixado (sem possibilidade de fuga) nesse gigantesco mecanismo universal que o conduz inexoravelmente pela trilha da evolução à estação de chegada, que é a perfeição no Infinito.

Ele não tem competência para deter esse movimento. Poderá, no entanto, dentro de seu respectivo âmbito de influência, ao movimentar-se desde as primeiras manifestações de sua vontade, fluir com ele naturalmente ou então embaraçar essa fluência, postando-se contra a corrente. Neste caso, seu panorama evolutivo se afunila, ele é mergulhado em planos mais condensados do Universo, onde, constrito pela gaiola de espaço-tempo, se vê compelido a reconquistar sua antiga liberdade por meio da reescalada à posição de origem.

Observe o habitante da Terra: ele está chumbado a um planeta que se movimenta a cerca de 1.800 km por hora, sendo deslocado pelo Sol, por translação, em movimento contínuo, das regiões de Sírio em direção da estrela Wega da Lira e da constelação de Hércules. O que ele pode fazer em relação a isto? Pode ele dizer "pare o mundo que eu quero descer"?

Aprende-se mais na Doutrina Espírita: como aquele passageiro que desceu numa estação para esperar o trem seguinte, o Espírito pode até "estacionar" ali por um tempo relativamente prolongado. Mas essa atitude negativa tem limite. Aprendemos com Kardec que o Espírito não degenera: pode permanecer estacionário, mas não retrograda (OLE, questão nº 118), visto que "o rio não remonta à sua nascente" (questão nº 612). Esse é um dos postulados básicos da Doutrina, e esta, segundo o Codificador, *é inquebrantável em sua base.* (RE, VIII, p. 65.)

É o caso do ricaço que, numa existência, abusa egoisticamente da riqueza, como na parábola do filho pródigo, e, na encarnação seguinte, renasce numa condição de miserabilidade e vai comer alfarrobas com os porcos, para aprender a valorizar os bens terrenos. Ou do político de intelecto poderoso e verve fácil, que ilude o povo, e volta com a mente destrambelhada, ou portador de deficiência da fala, para redimensionar suas atitudes e aprender a glorificar os dons conquistados, de acordo com a Lei Divina.

Essa estagnação pode até ser mais profunda, como no caso de Espíritos que são trasladados, em exílio, de planetas superiores para planetas inferiores, naquelas épocas de seleção planetária que ocorrem periodicamente no

Universo. É, porém, muito mais de forma do que de substância. O Espírito nada perde do que já haja conquistado, malgrado algumas províncias de seu ser psíquico ficarem temporariamente segregadas da consciência normal, numa prudente operação espiritual de prevenção de recaídas.

É o que nos ensina a questão nº 220, com a seguinte redação:

"Mudando de corpo, pode o Espírito perder algumas faculdades intelectuais, deixar de ter, por exemplo, o gosto das artes?"

"Sim, se corrompeu sua inteligência ou a utilizou mal. Além disso, uma faculdade qualquer pode ficar adormecida durante uma existência inteira, se o Espírito quiser exercitar outra que com ela não guarde relação. Neste caso, permanece em estado latente, para ressurgir mais tarde". (OLE.)

Enfim, conquanto tratado aqui de forma superficial, o assunto é interessante e merece mais profundas reflexões.

Dessa forma, determinismo e livre-arbítrio não se anulam reciprocamente, como seria a primeira impressão, mas coexistem, como bem informa Emmanuel (OC, questão nº 132), estabelecendo que "o primeiro é absoluto nas mais baixas camadas evolutivas e o segundo amplia-se com os valores da educação", cumprindo-nos "reconhecer que o próprio homem, *à medida que se torna responsável*, organiza o determinismo da sua existência, agravando-o ou amenizando-lhe os rigores, até poder elevar-se definitivamente aos planos superiores do Universo".

Segue na mesma esteira o esclarecimento de Sua Voz:

"Todo ato é sempre livre em suas origens; não depois, porque então passa imediatamente a *pertencer ao determinismo da lei de causalidade,* que impõe as reações e as consequências. O destino, *como efeito que é do passado,* contém por isso zonas de absoluto determinismo, mas a este se sobrepõe, a todo momento, a liberdade do presente, continuamente aproveitável, que tem o poder de imitir [introduzir] sempre novos impulsos e, nesse sentido, *corrigir* os precedentes". (AGS, p. 300.)

É possível, portanto, prever que o trem que deixa a cidade interiorana chegará à capital paulista, porque isto já faz parte de um plano pré-traçado, que não deverá sofrer alterações em sua programação – e isto é profecia. Mas prever o que determinado passageiro fará em uma das etapas da viagem (se preferirá dormir num vagão-dormitório ou numa poltrona-leito; se descerá em certa estação ou continuará a viagem até o fim), é entrar no campo do livre-arbítrio, da aleatoriedade da conduta humana, e, nesse campo, há alguns complicadores.

Supor o homem "submetido a uma fatalidade inexorável, com relação aos menores acontecimentos da vida, é despojá-lo do seu mais belo atributo: a inteligência; é assimilá-lo ao bruto", pondera Kardec no capítulo *A Segunda Vista* (OP). Algumas linhas à frente, porém, acena com alguns vetores da questão, adiantando que se fosse fortuito o futuro, se dependesse daquilo a que se chama acaso, *se nenhuma ligação tivesse com as circunstâncias presentes,* **nenhuma clarividência poderia penetrá-lo e nenhuma certeza, nesse caso, ofereceria qualquer previsão.** O verdadeiro vidente – acrescenta – apenas prevê *as consequências que decorrerão do presente.*

Então, a dedução lógica é que passado, presente e futuro estão entrançados de tal forma numa complexa rede de ação e reação que, numa certa porcentagem, a Humanidade será induzida a agir hoje sob a regência mais ou menos preponderante do lastro resultante de suas ações do passado, assim como projeta no futuro tendências e atitudes decorrentes de suas atividades do presente.

A previsão de tais fatos nos leva à cena do homem sobre a montanha (de que se vale o Codificador no citado capítulo), o qual tem uma visão abrangente do que ocorre na campina e, por isso, pode tomar certas providências, fazer determinadas revelações, antecipar o conhecimento de acontecimentos que estão fora do ângulo de visão dos habitantes da planície. Suponhamos, agora, que esse homem hipotético fosse o próprio Deus, ou Seus mais altos Emissários, e aí teremos as coordenadas subjacentes da gênese profética.

Dizer, portanto, que o trem chegará a São Paulo é o mesmo que dizer que a Humanidade atingirá a perfeição. Isto é determinismo. Mas não é um determinismo inflexível quanto ao tempo de sua realização, mas elastecível, na medida em que a vontade dos Espíritos e dos homens pode apressar ou retardar a sua consecução, e isto já está previsto no Planejamento Divino. Isto é livre-arbítrio.

As Leis da História

Se é possível profetizar com absoluta precisão no campo daquilo que faz parte do determinismo, sê-lo-ia também na área que se encontra sujeita à liberdade de agir dos agentes universais?

Mozart Monteiro tem uma sentença digna de ser meditada: "O próprio Jesus, Filho de Deus, profetizou – com a diferença de que suas predições, emanando da Divina Providência, eram, e são, infalíveis. Enquanto os profetas humanos, por maiores que sejam, se limitam a prenunciar o que já está escrito no Livro do Futuro, o único profeta divino, que é Cristo, pode, Ele mesmo, *criar os acontecimentos que anuncia*". (OLP, p. 14.)

Talvez isto explique tantos acontecimentos insólitos da vida de Jesus, no campo de Suas premonições mais imediatas, que de outra maneira seriam inexplicáveis. Sob esse aspecto, aguarde o prezado leitor, que daremos, mais adiante, alguns exemplos muito significativos tirados do próprio Evangelho.

Mozart Monteiro faz, ainda, uma cativante dissertação sobre o tema profecia, excogitando se ela não seria possível somente porque a História tem leis, isto é, seja regida por leis mais ou menos previsíveis mas ainda desconhecidas. Cremos não ser ocioso pinçar, a título de curiosidade, algumas citações arroladas por ele do que disseram, através dos tempos, os que se debruçaram sobre esse assunto:

– Aristóteles ensaiava uma espécie de lei, esquematizando, com vista para o futuro, a vida política da Grécia;

– Karl Jaspers diz que uma concepção histórica, que pretenda estender-se a todas as coisas humanas, tem de incluir, necessariamente, o futuro, admitindo, portanto, os prognósticos históricos;

– Pierre Vendryès defendeu a tese da probabilidade em História, estudando como exemplo a expedição de Bonaparte ao Egito;

– Gaston Georgel pretendeu demonstrar que a História Humana obedece a leis rítmicas; pretendeu mesmo haver criado "um novo método de previsão do futuro", especialmente do futuro próximo;

– Spengler diz que o que há de suceder pode apenas ser "sentido, por meio de profunda compreensão, por uma percepção sem palavras";

– Charles Rappoport pondera que não se pode prever o futuro senão com auxílio de verdadeiras leis históricas, isto é, de observações justificadas pelo passado e aplicáveis aos casos futuros, e que o homem não fará a sua

História senão no dia em que conhecer as leis históricas – se elas realmente existirem;

– Bukle observa que a lei histórica só se pode manifestar através dos grandes períodos; para os acontecimentos particulares, o que importa é a liberdade;

– M. Rosental e P. Iudin dizem que, desde que Marx e Engels criaram a ciência das leis que regem a evolução social, os prognósticos científico-históricos se tornaram possíveis no terreno da vida social;

– Charles Turgeon interroga: "Quem descobrirá o princípio supremo das transformações e dos destinos da Humanidade"?;

– Santo Agostinho diz, em sua filosofia: a providência de Deus rege a História de tal modo, que não há nada que não esteja previsto e assinalado desde a eternidade;

– Flammarion, o homem de ciência que vivia com o pensamento em Deus e os olhos nos astros criados pela Divindade, conclui, peremptoriamente: "Sim, o futuro pode ser visto".

É claro que tudo o que foi dito até aqui é de molde a suscitar várias interrogações, que não podem ser resolvidas de bate-pronto. Todos nós somos marinheiros de água doce nesse Oceano encapelado de ilimitadas antevisões e avançamos às apalpadelas, mas sempre mantendo aceso o facho da razão e aberta a porta da intuição, a fim de não enveredarmos por labirintos de cogitações descabidas em que até a razão perde a razão.

Quem não se lembra daquele famoso diálogo (hipotético, é claro) entre um filósofo e um teólogo, em que ambos disputavam acerca da primazia de seus respectivos campos de conhecimento?

E dizia o teólogo, com um indisfarçado sarcasmo na voz:

– Sabe o que é um filósofo? Um cego, num quarto escuro, procurando um chapéu preto que não está lá.

E o filósofo, bem rápido:

– É, mas se ele fosse teólogo, o teria encontrado...

1ª Parte

Profecias que já se cumpriram

Pão de Luz

"Eu sou o pão vivo que desceu do céu."
Jesus (João, 6:51.)

Jesus é meu pão de luz,
O mais sublime alimento:
Nele eu encontro o sustento
Que me faz tão leve a cruz.

Jesus é meu pão do céu,
Sol gentil da caridade,
Que suavemente invade
O meu coração fiel.

Jesus é meu pão da vida,
Celestial substância
Que transforma toda ânsia
Numa paz enternecida.

Jesus – oculto maná
Que a minha alma acalenta:
Quem de Jesus se alimenta,
Só por Jesus viverá.

O mundo às vezes seduz
Com cintilante farelo,
Mas para meu *grande anelo*
Só existe um pão – Jesus.

Espero um dia, assim,
Bradar do último aclive:
– *Já não sou mais eu quem vive;*
É Jesus que vive em mim!

Isaías Anuncia o Cristo

Entremos agora no terreno da profecia concreta, que em certos casos se torna autoexplicativa, a fim de termos uma visão mais precisa e detalhada de como funciona essa predição de coisas que ainda se encontram nas virtualidades do porvir, e muitos pontos envoltos na penumbra se esclarecerão por si mesmos. Façamo-lo, porém, sem ideias preconcebidas, mas com espírito científico e análise lógica dos fatos, pois *esse é o preço da verdade,* como diria Kardec.

E ao entrarmos nesse campo imponderável não estaremos cometendo nenhum "sacrilégio" (como poderia parecer a alguns), mas apenas respigando nos escritos daqueles a quem Amós dirigiu a seguinte mensagem: "Certamente o Senhor Deus não fará coisa alguma, *sem primeiro revelar o seu segredo aos seus servos, os profetas"* (3:7). Encoraja-nos ainda esta outra, constante de Deuteronômio, 29:29: "As coisas encobertas pertencem ao Senhor nosso Deus; *porém as reveladas nos pertencem a nós e a nossos filhos para sempre,* para que cumpramos todas as palavras desta lei".

Para Grove Wilson – Newton, Kepler e Galileu formavam "o trio que havia forçado o Sol e as estrelas a contarem aos homens sua verdadeira história". Se trabalharmos também com afinco, convenceremos as profecias a nos descerrarem seu seio e entregarem o ouro que tão zelosamente guardam no escrínio de sua intimidade.

Afinal, a finalidade da profecia é mostrar aos servidores de Deus *as coisas que em breve devem acontecer* (Apoc. 1:1), recebendo os que a leem, ouvem e guardam as coisas nela escritas uma bênção do próprio Deus, como se vê nesse mesmo livro, 1:3. *Como saber, portanto, o que vai acontecer se a profecia não for revelada?* Além disso, Jesus ainda nos incentiva com estas palavras: "Nada há oculto, que não haja de manifestar-se, nem escondido, que não venha a ser conhecido e revelado". (Lucas, 8:17.)

As previsões constantes do Velho Testamento da Bíblia Sagrada, concernentes à vinda do Cristo e ao estabelecimento de Seu Reinado de Amor na Terra, são um banquete de finíssimas iguarias espirituais para os verdadeiros estudiosos dessa área de conhecimento divino. Vejamos alguns tópicos.

O profeta Isaías viveu cerca de 700 anos a.C. em Israel. Registram as enciclopédias bíblicas que foi denominado *o profeta messiânico* porque sua vida estava saturada da esperança na vinda do Messias. Vivia arrebatado pelo pensamento da grandeza e glória da obra que seria feita entre as nações no advento do Cristo.

Era, segundo a tradição, de sangue real. Seu pai, Amós, era um dos irmãos do rei Amazias, sendo ele, assim, primo legítimo do rei Uzias e neto do rei Joás. As profecias vertidas por seu intermédio a respeito de Jesus são de inexprimível beleza poética, tão vivas e emocionantes como se ele tivesse sido trasladado para o futuro e se tornasse uma testemunha ocular e auricular da História. É o poeta clássico da Bíblia. Há mais de cinquenta citações no Novo Testamento, feitas pelo Cristo e pelos Apóstolos, de passagens de seu livro.

Pois bem: esse grande profeta prevê, na passagem seguinte, que o Messias sairia do tronco de Jessé (pai do rei Davi), descreve as qualificações divinas que aureolavam Seu poderoso Espírito, fala de Sua missão terrena e dos efeitos benéficos e transformadores que ela exerceria sobre a sociedade, não somente no tempo de Seu advento, mas irradiando-se pelo porvir até a época (ainda futura para os tempos atuais) em que a Terra *se encheria do conhecimento do Senhor, como as águas cobrem o mar.* É ler e deixar-se impregnar do magnetismo celeste contido na passagem:

"Do tronco de Jessé sairá um rebento, e das suas raízes um renovo. Repousará sobre ele o Espírito do Senhor, o Espírito de sabedoria e de entendimento, o Espírito de conselho e de fortaleza, o Espírito de conhecimento e de temor do Senhor. Deleitar-se-á no temor do Senhor; não julgará segundo a vista dos seus olhos, nem repreenderá segundo o ouvir dos seus ouvidos; mas julgará com justiça os pobres, e decidirá com equidade a favor dos mansos da terra. (...) A justiça será o cinto dos seus lombos, e a fidelidade o cinto dos seus rins. O lobo habitará com o cordeiro, e o leopardo se deitará junto ao cabrito; o bezerro, o leão novo e o animal cevado andarão juntos, e um pequenino os guiará. A vaca e a ursa pastarão juntas, e as suas crias juntas se deitarão; o leão comerá palha como o boi. A criança de peito brincará sobre a toca da áspide, e o já desmamado meterá a mão na cova do basilisco. Não se fará mal nem dano algum em todo o meu santo monte, porque a terra se encherá do conhecimento do Senhor, como as águas cobrem o mar. Naquele dia recorrerão as nações à raiz de Jessé que está posta por estandarte dos povos; a glória lhe será a morada". (11:1/10.)

Belém na Profecia

Onde apareceria o Divino Emissário? A profecia o irá indicar por meio de Miqueias, profeta contemporâneo de Isaías. Enquanto este exercia seu ministério na cidade, Miqueias exercia o seu na área rural. Note o leitor como a previsão fecha seu foco e indica nominalmente a cidade onde surgiria Aquele que foi denominado pelo sacerdote Zacarias, pai de João Batista, em seu fervoroso cântico (Lucas, 1:78), como *o Sol nascente das Alturas:*

"E tu, *Belém Efrata,* pequena demais para figurar como grupo de milhares de Judá, de ti me sairá o que há de reinar em Israel, e cujas origens são desde os tempos antigos, desde os dias da eternidade". (5:2.)

O povo judeu demonstrava estar bem informado a respeito dessas profecias, como se vê nesta passagem, quando a multidão, sob o foco de uma pregação mais incisiva de Jesus, divergia sobre ser Ele o Messias prometido ou não: "Então os que dentre o povo tinham ouvido estas palavras, diziam: Este é verdadeiramente o profeta; outros diziam: Ele é o Cristo; outros, porém, perguntavam: Porventura o Cristo virá da Galileia? Não diz a Escritura que o Cristo vem da descendência de Davi *e da aldeia de Belém,* donde era Davi?" (João, 7:40/2.)

Mas havia muitas crianças em Belém no tempo do Advento. Como distinguir delas o surgimento do *Desejado das Nações,* como fora denominado por alguns intérpretes bíblicos? Que sinal o Alto poderia oferecer, não somente às gerações que vivessem no tempo do Cristo, mas também à posteridade, através dos tempos, para que se pudesse identificar o verdadeiro destinatário da profecia? Até isto será feito, de forma singular e única nos anais da História, revelando a maneira como se daria o Seu advento e designando-O simbolicamente pelo nome hebraico de *Emanuel,* que significa *Deus conosco*. E agora quem irá falar novamente é Isaías:

"Portanto, o Senhor mesmo vos dará sinal: *Eis que a virgem conceberá,* e dará à luz um filho, e lhe chamará Emanuel". (7:14.)

Haveria outro fato insólito, a ocorrer por volta dessa época e marcar na consciência judaica a presença do Messias? Sim. A chamada matança dos inocentes. Ramá era designação que abrangia vários lugares e cidades daquele povo, e Raquel, esposa de Jacó, o nome difuso pelo qual se poderia simbolizar todas as mães israelitas, assim como o nome de seu esposo, Israel (outro nome de Jacó), era representativo do coletivo daquele mesmo povo, como vemos, por exemplo, em Isaías, 10:21. Quem contribui agora para a composição do quadro delineador do Grande Advento é o profeta Jeremias:

"Assim diz o Senhor: Ouviu-se um clamor em Ramá, pranto e grande lamento; era Raquel chorando por seus filhos, e inconsolável por causa deles, porque já não existem". (31:15.)

O Príncipe da Paz não permaneceria sempre em Israel. Haveria a fuga para o estrangeiro. Em certa ocasião, a voz do Senhor O chamaria do exílio para o retorno ao seio de Seu povo. Oseias é agora o excelso porta-voz da Divindade:

"(...) e do Egito chamei o meu filho". (11:1.)

Até a cidade em que viveria, desde a infância até homem feito, está caracterizada na profecia (Isaías, 11:1):

"E foi habitar numa cidade chamada Nazaré, para que se cumprisse o que fora dito, por intermédio dos profetas: Ele será chamado Nazareno". (Mateus, 2:23.)

Jesus confirmaria a previsão e o epíteto, em Atos dos Apóstolos, 22:6/8. É Paulo quem narra:

"Ora, aconteceu que, indo de caminho e já perto de Damasco, quase ao meio-dia, repentinamente grande luz do céu brilhou ao redor de mim. Então caí por terra, ouvindo uma voz que me dizia: Saulo, Saulo, por que me persegues? Perguntei: Quem és tu, Senhor? Ao que me respondeu: Eu sou Jesus, *o Nazareno*, a quem tu persegues".

Volta à cena Isaías para nos mostrar o espaço geográfico em que o Ungido de Deus iria exercer Seu glorioso ministério, iluminando o povo que vivia "na região da sombra da morte" (plano dos espíritos encarnados), para estabelecer as primícias de Seu governo supremo e implantar no mundo "a Paz sem fim", desde aquela época e para sempre:

"Mas para a terra que estava aflita não continuará a obscuridade. Deus nos primeiros tempos tornou desprezível a terra de Zebulom e a terra de Naftali; mas nos últimos tornará glorioso o caminho do mar, além do Jordão, Galileia dos gentios. O povo que andava em trevas, viu grande luz, e aos que viviam na região da sombra da morte resplandeceu-lhes a luz. (...) Porque um menino nos nasceu, um filho se nos deu; o governo está sobre os seus ombros; e o seu nome será: Maravilhoso, Conselheiro, Deus Forte, Pai da Eternidade, Príncipe da Paz; para que se aumente o seu governo e venha paz sem fim sobre o trono de Davi e sobre o seu reino, para o estabelecer e o firmar mediante o juízo e a justiça, desde agora e para sempre". (9:1,2;6,7.)

Disse mais Isaías: "Eis aqui o meu servo, a quem sustenho; o meu escolhido, em quem a minha alma se compraz; pus sobre ele o meu Espírito, e ele promulgará o direito para os gentios. (...) Não desanimará nem se quebrará até que ponha na terra o direito; e as terras do mar aguardarão a sua doutrina". (42:1;4.)

O Precursor

Segundo a profecia, outro ator estaria também presente no palco da História, para esterroar os caminhos por onde passaria o "Cordeiro de Deus que tira os pecados do mundo". Ele foi figurado por Gibran como sendo o trovão d'Aquele que seria o relâmpago divino (o Cristo). Note-se a precisão augusta do vaticínio, nominando o profeta que viria à Terra em missão precursora, a fim de aclimar as almas àquele momento sagrado. Quem traz agora sua contribuição é Malaquias, o último dos doze profetas chamados menores, que viveu por volta do ano 450 a.C.:

"Mas para vós outros que temeis o meu nome nascerá o sol da justiça, trazendo salvação nas suas asas; (...). *Eis que eu vos enviarei o profeta Elias,* antes que venha o grande e terrível dia do Senhor; ele converterá o coração dos pais aos filhos, e o coração dos filhos a seus pais, para que eu não venha e fira a terra com maldição". (4:2;5/6.)

Isaías traça, em poderosa síntese, o quadro dentro do qual laboraria o precursor, revelando a obra a ser realizada por ele, como preparação à que seria desenvolvida, naquela época e nos milênios futuros, pelo Sol da Verdade e Luz do Mundo.

Merece ser lembrada nesta passagem a observação já feita por doutos hermeneutas, de que a expressão "**do que** clama no deserto" não se refere exclusivamente a João Batista, mas principalmente a Jesus. Quem clama no deserto das consciências e dos corações, desde a aurora da Humanidade (e sabe Deus até quando no futuro), é a voz de Jesus por meio dos profetas. João era apenas o porta-voz dessa Voz, a voz "**dO que** clama", a voz "**d'Aquele que** clama", e esse incansável clamador é o Cristo de Deus. Se a profecia se referisse exclusivamente a João, diria simplesmente: "voz **que** clama". Porque se João veio abrir o caminho para Jesus na consciência daquele povo, fazendo "linheira na adusta landa", Jesus veio, da mesma forma, abrir o caminho para Deus no coração da Humanidade.

A lição de gramática é discutível, mas a interpretação profética é espiritualmente irretocável.

Diz o grande arauto:

"Voz do que clama no deserto: Preparai o caminho do Senhor; endireitai no ermo vereda a nosso Deus. Todo vale será aterrado, e nivelados todos os montes e outeiros; o que é tortuoso será retificado, e os lugares escabrosos, aplanados". (40:3/4.)

As Parábolas

Os filhos de Coré formavam uma família de sacerdotes e poetas no tempo do rei Davi. Asafe, um desses filhos, estava entre os principais músicos do rei. O salmo seguinte foi-lhe inspirado para revelar a maneira como o Senhor falaria a Seu povo:

"Abrirei meus lábios em parábolas, e publicarei enigmas dos tempos antigos". (78:2.)

O extenso programa de educação espiritual e os chamados prodígios que seriam realizados pelo Ungido, bem como a égide superior que guiaria Seus passos, estão descritos magistralmente por Isaías com as seguintes palavras (e desta profecia se valeu Jesus, em Nazaré, para confirmar Sua missão – Lucas, 4:18):

"O Espírito do Senhor está sobre mim, pelo que me ungiu para evangelizar os pobres; enviou-me para proclamar libertação aos cativos e restauração da vista aos cegos, para pôr em liberdade os oprimidos, e apregoar o ano aceitável do Senhor (...)". (61:1/2.)

Muitos haveriam de ouvir essa Voz mas não lhe dariam crédito. Não somente descreriam de seu Porta-Voz, como também iriam d'Ele escarnecer. E essa atitude escarninha era devida ao fato de trazerem agudeza no entendimento e dureza no coração.

Digna de menção é a interpretação seguinte a esse respeito:

"Para Jesus, pastor das almas transviadas, os homens daquela época se assemelhavam a frutos verdes que, expostos aos raios de um sol demasiado ardente, secam, em vez de amadurecer, razão por que o pomareiro trata de os abrigar dos ardores solares, a fim de que tenham tempo de desenvolver-se. Chegados ao *ponto* de maturação, o calor, a que com arte foram subtraídos, acabará de dourá-los com seus raios benéficos". (OQE, 2º vol., p. 327.) (Grifo do original.)

Mais adiante, na página 328, revela por que o Cristo agia assim: "Jesus, que era a bondade por excelência, não podia, bem o deveis compreender, privar voluntariamente as criaturas humanas da salvação que ele mesmo lhes trazia. Ao contrário, *para não as arrastar a faltas,* deixava sempre aos Espíritos indolentes o recurso de não lhe compreenderem as palavras".

Sem essa explicação, a fantástica previsão de Isaías, transcrita a seguir, iria parecer-nos contrária à caridade que o Cordeiro de Deus veio exemplificar tão amorosamente no mundo.

Fala Isaías:

"Então disse ele: Vai, e dize a este povo: Ouvi, ouvi, e não entendais; vede, vede, mas não percebais. Torna insensível o coração deste povo, endurece-lhe os ouvidos, e fecha-lhes os olhos, para que não venha ele a ver com os olhos, a ouvir com os ouvidos, e a entender com o coração, e se converta e seja salvo". (6:9/10.)

Pedra Angular

Pedra angular é a pedra fundamental de um edifício. Jesus Cristo é a pedra angular do Cristianismo, conforme o diria Paulo (Efésios, 2:20). Mas o fato já estava posto por meio de Isaías, com sete séculos de antecedência: "Portanto assim diz o Senhor Deus: Eis que eu assentei em Sião uma pedra, pedra já provada, pedra preciosa, angular, solidamente assentada; aquele que crer não foge" (28:16).

Jesus, porém, neste particular (Mateus, 21:42), daria preferência à citação dos Salmos, escritos quatrocentos anos antes de Isaías, ao contrapor à aspereza de coração dos fariseus a doce pregação de Seu Reino:

"A pedra que os construtores rejeitaram, essa veio a ser a principal pedra, angular; isto procede do Senhor, e é maravilhoso aos nossos olhos". (118:22/3.) E acrescentou como advertência: "Todo o que cair sobre esta pedra ficará em pedaços; e aquele sobre quem ela cair ficará reduzido a pó". (Mateus, 21:44.)

Mas há os que amam a Verdade e são singelos de coração, os que rogam em suas preces, com a mais profunda sinceridade: "Cria em mim, ó Deus, um coração puro, e renova dentro de mim um espírito inabalável" (Salmos, 51:10).

Há os que aspiram constantemente à luz divina, e pedem, reconhecendo humildemente a sua incompletude e desvalia,: "Seja Deus gracioso para conosco, e nos abençoe, e faça resplandecer sobre nós o seu rosto" (Salmos, 67:1).

Para esses Jesus se declara docemente o Pão da Vida, o Pão Vivo que desceu do Céu, para que todo o que dele comer não pereça, mas tenha a vida eterna (João, 6:35;50).

Esse Pão de Luz está registrado pelo profeta Neemias, que foi, no princípio, copeiro do rei da Pérsia, Artaxerxes Longimanus, e depois, rei da Judeia, em cujo reinado reconstruiu as muralhas de Jerusalém, fortificando a cidade. Flávio Josefo informa que Neemias continuou a governar a Judeia até uma idade muito avançada.

Eis a sua predição, por volta do ano de 445 a.C.:

"Pão do céu lhes deste na sua fome (…)". (Neemias, 9:15.)

As Predições

No final dos três anos e meio de pregação, quando já subia para Jerusalém, onde se ofereceria em sacrifício, numa entrega de Amor jamais vista na Humanidade, Jesus começou a revelar os fatos que envolveriam Sua prisão, Seu julgamento, Sua morte e Sua ressurreição.

Que presciência! Como Jesus é surpreendente em tudo o que faz! Que homem, nos fastos da História, por mais sábio e venerado que fosse, fez algo que se assemelhasse – ainda que de muito longe – aos fatos porvindouros antecipados pelo Cristo a Seus discípulos?

Mais tarde, nos quarenta dias que sucederam à ressurreição, Jesus revelaria a Seus discípulos que agira daquela forma em estrito cumprimento às profecias:

"São estas as palavras que eu vos falei, estando ainda convosco, que importava se cumprisse tudo o que de mim está escrito *na Lei de Moisés, nos Profetas e nos Salmos"*. (Lucas, 24:44.) "Então – acrescenta Lucas no versículo seguinte – lhes abriu o entendimento *para compreenderem as Escrituras"*.

Daqui se infere, por primeiro, que não basta simplesmente a leitura da Bíblia Sagrada: é preciso rogar a Deus (e merecer) a luz do entendimento espiritual para que se compreenda o profundo sentido da profecia; e, por segundo, que o Velho Testamento, *em sua parte profética*, sempre esteve tão vivo e presente quanto o Novo, e nunca obsoleto, como às vezes pontificam oradores e escritores de várias denominações. Kardec já deixara lavrado, por palavras similares, que *a Bíblia está certa: errados estão os que não a sabem interpretar*. (OLE, p. 71.)

Alguém provavelmente já o disse, e isto está implícito na Doutrina: assim como o Velho Testamento da Bíblia Sagrada contém a primeira Revelação, trazida por Moisés, e o Novo Testamento contém a segunda Revelação, trazida por Jesus – o Espiritismo codificado por Allan Kardec (a terceira Revelação) pode ser considerado o Novíssimo Testamento, compondo, com os dois anteriores, a mais formosa Trilogia de Luz já outorgada por Deus à Humanidade.

Em sua essência, as três Revelações são apenas uma, *una e permanente*, que se foi ampliando através dos tempos e assim continuará pelo futuro adentro, sempre sob a regência suprema do Cristo de Deus. Começou lenta com Moisés, estugou o passo com o Divino Mestre, e deslanchou, mil e oitocentos anos depois, com Kardec e o Espírito da Verdade. Hoje, principalmente no Brasil, onde encontrou o meio social e espiritual adequado à sua assimilação e propagação, ganha asas de águia para seu voo pelo Infinito, rumo à posteridade.

Quando, por exemplo, um grande sensitivo na Terra prevê com alguma antecipação o ano de sua morte, todos ficam assombrados com tal faculdade, e com razão. Quão mais admiráveis deveriam ser para nós as antevisões do Cristo! Ele previu, com profusão de detalhes, não somente os fatos próximos que O envolveriam, bem como a Seus seguidores, mas também os acontecimentos que teriam lugar 100, 200, 500, 1.000, 2.000 anos e até muitos milênios além, e que se confirmaram e vêm se confirmando matematicamente através dos tempos.

As lições do Evangelho foram banalizadas e barateadas de tal forma pelas religiões cristãs, que hoje muitos religiosos as veem como fantasia e não realidades da vida imortal. Um exemplo singelo: muitos conhecem o princípio bíblico de que "a cada um será dado de acordo com suas obras", mas a maioria demonstra, por seus atos, quão pouco apreço confere a esse conceito. O que dizer, então, das profecias?

Atente o leitor para a poderosa dupla vista do Cristo e sua penetração no futuro, nos fatos registrados pelos evangelistas nas seguintes passagens:

"Desde esse tempo, começou Jesus Cristo a mostrar a seus discípulos que lhe era necessário seguir para Jerusalém e sofrer muitas coisas dos anciãos, dos principais sacerdotes e dos escribas, ser morto, e ressuscitado no terceiro dia". (Mateus, 16:21.)

"Eis que subimos para Jerusalém e o Filho do homem será entregue aos principais sacerdotes e aos escribas; condená-lo-ão à morte e o entregarão aos gentios; hão de escarnecê-lo, cuspir nele, açoitá-lo e matá-lo; mas depois de três dias ressuscitará". (Marcos, 10:33/4.)

"Mas, depois da minha ressurreição, irei adiante de vós para a Galileia". (Mateus, 26:32.)

Oseias, 6:1/2, já havia antecipado a ressurreição: "Vinde, e tornemos para o Senhor, (...) ao terceiro dia nos levantará (...)". Essa previsão seria confirmada por Jesus em Lucas, 24:46.

Continua Jesus, falando de Sua ressurreição:

"Ouvistes que eu vos disse: *Vou, e volto* para junto de vós". (João, 14:28.) "Um pouco, e não mais me vereis; outra vez um pouco, *e ver-me-eis*". (João, 16:16.) "Assim também agora vós tendes tristeza; mas *outra vez vos verei;* o vosso coração se alegrará, e a vossa alegria ninguém poderá tirar". (João, 16:22.)

No trecho seguinte, Jesus não só vê o que está fora das vistas dos que se encontram com Ele, como prevê a reação que terão as pessoas diante do que Ele mandará que Seus Discípulos façam:

"E dito isto, prosseguia Jesus subindo para Jerusalém. Ora, aconteceu que, ao aproximar-se de Betfagé e de Betânia, junto ao Monte das Oliveiras, enviou dois de seus discípulos, dizendo-lhes: Ide à aldeia fronteira e ali, ao entrar, achareis preso um jumentinho em que jamais homem algum montou; soltai-o e trazei-o. Se alguém vos perguntar: Por que o soltais? respondereis assim: Porque o Senhor precisa dele. E indo os que foram mandados, *acharam segundo lhes dissera Jesus.* Quando eles estavam soltando o jumentinho, seus donos lhes disseram: Por que o soltais? Responderam: Porque o Senhor precisa dele". (Lucas, 19:28/34.)

Mais adiante, será encontrada a previsão de embalsamamento e sepultamento. O Evangelho de João (capítulo 12) narra que Jesus se deteve em Betânia, na casa de Lázaro, a quem Ele ressuscitara dentre os mortos. Então Maria, irmã de Marta, tomando de uma jarra de nardo puro, ungiu-Lhe os pés e os enxugou com os seus cabelos, e toda a casa se encheu com o perfume do bálsamo. Judas reclama. Então o Cristo lhe diz: "Deixai-a...", e completa Mateus, 26:12, "(...) pois, derramando este perfume sobre o meu corpo, ela o fez para o meu sepultamento".

A entrada do Senhor em Jerusalém, montado naquele jumentinho, foi prevista por Zacarias, o penúltimo dos doze profetas menores, provavelmente nascido em Babilônia, durante o exílio de 70 anos:

"Alegra-te muito, ó filha de Sião; exulta, ó filha de Jerusalém: eis aí te vem o teu Rei, justo e salvador, montado em jumento, num jumentinho, cria de jumenta". (9:9.)

Com estrondosa aclamação o povo recebeu o Cristo em Sua chegada triunfal à capital do reino judaico, estendendo pelo caminho, à Sua passagem, suas vestes e folhas de palmeiras. As crianças O saudavam com cânticos de aleluia. Os fariseus ficaram injuriados, vendo que o mundo ia após ele (João, 12:19), e extravasaram seu ciúme, apontando ao Divino Mestre o *absurdo* daquela louvação, o que facultou a Jesus a menção, agora, de um salmo de Davi (8:2).

Eis a cena:

"Mas vendo os principais sacerdotes e os escribas as maravilhas que Jesus fazia, e os meninos clamando: Hosana ao Filho de Davi, indignaram-se, e perguntaram-lhe: Ouves o que estes estão dizendo? Respondeu-lhes Jesus: Sim; nunca lestes: Da boca de pequeninos e crianças de peito tiraste perfeito louvor?" (Mateus, 21:15/6.)

Reclamaram também da euforia dos discípulos. Mas a resposta do Divino Mestre não se fez esperar:

"Asseguro-vos que, se eles se calarem, as próprias pedras clamarão". (Lucas, 19:40.)

Esse ódio gratuito da classe dominante contra o Senhor foi antevisto por Davi:

"Odiaram-me sem motivo". (Salmos, 35:19.)

Jesus Cria os Acontecimentos

Na cena seguinte, não se patenteia apenas a extraordinária premonição do Cristo, mas, como observou Mozart Monteiro, a Sua capacidade divina *de concretizar os fatos que antevia:*

"E no primeiro dia dos pães asmos, quando se fazia o sacrifício do cordeiro pascal, disseram-lhe seus discípulos: Onde queres que vamos fazer os preparativos para comeres a páscoa? Então enviou dois dos seus discípulos, dizendo-lhes: Ide à cidade, e vos sairá ao encontro um homem trazendo um cântaro de água; segui-o e dizei ao dono da casa onde ele entrar que o Mestre pergunta: Onde é o meu aposento no qual hei de comer a páscoa com os meus discípulos? E ele vos mostrará um espaçoso cenáculo mobiliado e pronto; ali fazei os preparativos. Saíram, pois, os discípulos, foram à cidade e, *achando tudo como Jesus lhes havia dito,* prepararam a páscoa". (Marcos, 14:12/6.)

Ora, se a ação humana ficasse, em todos os casos, somente ao arbítrio do agente, é claro que seria impossível predizer o que alguém irá fazer, sob pena de o profeta correr o risco de ver frustrada sua predição. Como se poderia, então, saber com antecedência que certo homem iria deixar sua casa, em *determinado* momento no futuro, e dirigir-se a *determinado* lugar para fazer *determinada* coisa, como na passagem sob nossos olhos? Não estaria patente, aqui, a lição dos Invisíveis registrada por Kardec?:

459 – Os Espíritos influem em nossos pensamentos e em nossos atos?

"Muito mais do que imaginais, pois frequentemente são eles que vos dirigem." (OLE.)

Em seu comentário à questão 525-a, disse o Codificador, com grande perspicácia:

"Imaginamos erroneamente que a ação dos Espíritos só se deva manifestar por fenômenos extraordinários. Gostaríamos que nos viessem ajudar por meio de milagres e sempre os representamos armados de uma varinha mágica. Mas não é assim, razão por que nos parece oculta a sua intervenção e muito natural o que se faz com o concurso deles. Assim, por exemplo, eles *provocarão* o encontro de duas pessoas, que julgarão encontrar-se por acaso; *inspirarão a alguém* a ideia de passar por tal lugar; *chamarão sua atenção* para determinado ponto, se isso levar ao resultado que desejam, de tal modo que o homem, *acreditando seguir apenas o próprio impulso,* conserva sempre o seu livre-arbítrio".

É exatamente o caso em tela. Aquele homem que, portando um cântaro, sairia ao encontro dos discípulos na cidade, tê-lo-ia feito por obra do acaso? Mas o que é o acaso senão aquilo que, para o homem, não tem explicação?

Para que tudo se desse exatamente como era da vontade do Senhor, é muito mais lógico entender que aquele homem, quando estava em sua casa, recebeu em sua mente a impressão da vontade poderosa do Cristo, enviada a distância. Ou tenha recebido a inspiração de um dos Espíritos que serviam diretamente ao Divino Mestre e que, enviado por este, o predispôs a levantar-se e dirigir-se para o lugar onde estariam os apóstolos. Ou, ainda, haja sentido a atuação oculta de seu próprio anjo da guarda, o qual agiu jubilosamente em obediência a um telecomando mental de Jesus.

Por aqui se vê a importância do arsenal imenso desvelado pelo Espiritismo ao homem para lhe mostrar a fonte oculta de tantos fatos que ocorrem na Humanidade e que, de outra forma, ficariam sem explicação.

Poderíamos inserir aqui, pela concordância de objeto, dois outros acontecimentos proporcionados por Jesus e que não devem passar despercebidos dos estudiosos – o do pagamento de impostos e o da pesca milagrosa:

1) Em Cafarnaum, cidade em que Jesus residia, os cobradores de impostos procuraram Pedro e lhe perguntaram se o Mestre não iria pagar o tributo de duas dracmas. Mesmo sendo a contribuição indevida (porque era cobrada de estrangeiros e não dos filhos da terra), Jesus disse a Pedro: "Para que não os escandalizemos, vai ao mar, lança o anzol, e o primeiro peixe que fisgar, tira-o; e, abrindo-lhe a boca, acharás um estáter. Toma-o, e entrega-lhes por mim e por ti". (Mateus, 17:27.)

Veja o leitor que a ordem não era para que Pedro ficasse pescando até encontrar um peixe que tivesse o estáter na boca (o que já seria um "milagre"!), mas era para recolher o estáter *do primeiro peixe que pescasse!*

2) Após a ressurreição, Jesus ainda permaneceu quarenta dias na Palestina, aparecendo por diversas vezes a Seus discípulos, nesse período, para lhes dar as últimas instruções. Desde a última aparição em Jerusalém, o Senhor lhes pediu que fossem para o monte da Galileia, provavelmente o Tabor, onde se encontraria com eles pouco antes da ascensão. Nesse interregno, enquanto aguardavam que a comunidade cristã seguisse para o monte na data aprazada, os apóstolos resolveram ir pescar no mar da Galileia, a fim, por certo, de asserenar a mente, pois eles mal conseguiam compreender os fatos extraordinários daqueles últimos dias.

Pelo raiar da madrugada, um certo homem na praia perguntou-lhes: Filhos, tendes aí alguma coisa de comer? Responderam-lhe: Não. Então lhes disse: Lançai a rede à direita do barco, e achareis. Assim fizeram, e já não podiam puxar a rede, tão grande era a quantidade de peixes. Então eles reconheceram que aquele homem era Jesus. (João, 21:3/7.)

Quem faz o mais, faz o menos. O Homem que lia os pensamentos mais recônditos dos fariseus; via Natanael num lugar oculto aos olhos humanos; conhecia a vida íntima da samaritana sem jamais a ter visto; fazia aflorar perguntas nos lábios dos ouvintes, como deixa, no exercício dialético-maiêutico de Sua excelsa pedagogia, a fim de deleitá-los com Sua doutrina celestial; transformava água em vinho e fluidos em peixes e pães; curava os leprosos e devolvia a visão aos cegos; secava a figueira e ressuscitava os mortos; caminhava sobre o mar convulso e amainava a tempestade — esse Homem podia, *com muito mais razão,* ter ascendência sobre os fenômenos da Natureza, como a mera condução de peixes, seres dóceis e inconscientes do reino animal!

A Traição de Judas

A indescritível beleza da profecia também se revela na predição da traição de Judas, e com tal gentileza de enunciado que nos toca o coração. Quem fala agora é o salmista Davi (em hebraico, *Amado*), o segundo e o mais ilustre dos reis de Israel, conhecido como *o homem segundo o coração de Deus:*

"Até o meu amigo íntimo, em quem eu confiava, que comia do meu pão, levantou contra mim seu calcanhar". (41:9.)

Davi reproduzirá mais uma vez a voz do Cristo, ungida agora de suave censura e de uma simulação de surpresa, como a de quem pergunta, tocando gentilmente o ombro de um amigo:

"Com efeito, não é inimigo que me afronta: se o fosse, eu o suportaria; nem é o que me odeia quem se exalta contra mim: pois dele eu me esconderia; mas és tu, homem meu igual, meu companheiro, e meu íntimo amigo. Juntos andávamos, juntos nos entretínhamos, e íamos com a multidão à casa de Deus". (54:12/4.)

Jesus também o sabia, mas escolheu Judas mesmo assim, para tê-lo sempre perto de Si, a fim de semear em seu espírito as flores do Evangelho que ali desabotoariam, no futuro, transformando-o num dos mais belos canteiros do jardim do Senhor. Mas Sua palavra agora será dura:

"Não vos escolhi eu em número de doze? Contudo um de vós é diabo". (João, 6:70.)

Em Zacarias, 11:12/3, fala o Senhor pelo profeta para revelar o preço da traição estabelecido naquele *pactum sceleris* entre Judas e o clero dominante. E não só isso. Mas até a destinação que seria dada a esse valor, segundo a narrativa de Mateus:

"Então Judas, o que o traiu, vendo que Jesus fora condenado, tocado de remorso, devolveu as trinta moedas de prata aos principais sacerdotes e aos anciãos, dizendo: Pequei, traindo sangue inocente. Eles, porém, responderam: Que nos importa? Isso é contigo. Então Judas, atirando para o santuário as moedas de prata, retirou-se e foi enforcar-se. E os principais sacerdotes, tomando as moedas, disseram: Não é lícito deitá-las no cofre das ofertas, porque é preço de sangue. E, tendo deliberado, compraram com elas o campo do oleiro, para cemitério de forasteiros. Por isso aquele campo tem sido chamado até o dia de hoje Campo de Sangue. Então se cumpriu o que foi dito por intermédio do profeta Zacarias: Tomaram as trinta moedas de prata, preço em que foi estimado aquele a quem alguns dos filhos de Israel avaliaram; e as deram pelo campo do oleiro, assim como me ordenou o Senhor". (27:3/10.)

A Clarividência do Cristo

A negação de Pedro, também preanunciada por Jesus, teve até a participação de um integrante do reino animal – o galo, que deveria cantar *duas vezes*, após a tríplice apostasia verbal do apóstolo:

"Respondeu-lhe Jesus [a Pedro]: Em verdade te digo que hoje, nesta noite, antes que duas vezes cante o galo, tu me negarás três vezes". (Marcos, 14:30.)

Muitas vezes lemos a vida dos grandes sábios e pensadores da Humanidade e ficamos encantados com a maneira como sobressaíram aos homens de sua época. Logo que o trabalho missionário começava a se irradiar por meio de sua atuação no mundo, os discípulos começavam a se aproximar, formando verdadeiras comunidades que, depois, lhes dariam prosseguimento ao programa estabelecido.

Assim foi com Sócrates, Buda, Confúcio e muitos outros, até os tempos atuais. Entretanto, por mais luzes que tivessem, nem um deles, note o leitor, *nem mesmo um deles* pôde dizer que havia enviado mensageiros ao mundo para lhes preparar o advento, muito menos prever o que aconteceria a esses mensageiros, como fez Jesus nesta passagem de Mateus, 23:34, dirigindo-se aos escribas e fariseus:

"Por isso *eis que eu vos envio* profetas, sábios e escribas. A uns matareis e crucificareis; a outros açoitareis nas vossas sinagogas e perseguireis de cidade em cidade".

Nem um deles pôde dirigir-se a Deus, como o fez Jesus, e dizer com absoluta convicção estas palavras relativas a Seus discípulos, que se comprovaram pelos fatos:

"Assim como tu me enviaste ao mundo, também *eu os enviei* ao mundo". (João, 17:18.)

E quando algum de seus discípulos lhes perguntasse, como o fez Pedro a Jesus: "Eis que nós tudo deixamos e te seguimos: que será, pois, de nós?", *nem um deles*, finalmente, pôde dizer estas palavras quanto ao futuro, revelando não só a presciência de um Planejamento Cósmico predeterminado, mas também a proeminência de Sua própria posição dentro desse Planejamento:

"*Em verdade vos digo que vós os que me seguistes, quando, na regeneração, o Filho do homem se assentar no trono da sua glória, também vos assentareis em doze tronos para julgar as doze tribos de Israel*". (Mateus, 19:28.)

Por isso dissemos há pouco que Judas se transformaria, no futuro, em um dos mais formosos canteiros do jardim do Senhor, pois segundo Jesus, na época da regeneração da Humanidade, os doze apóstolos (Judas incluso) se assentariam em doze tronos para assessorá-Lo nessa divina renovação planetária.

O abandono dos discípulos, por ocasião do aprisionamento do Senhor, foi previsto com absoluta precisão em Zacarias, 13:7: "Ferirei o pastor, e as ovelhas do rebanho ficarão dispersas".

Jesus também o prediria: "Eis que vem a hora e já é chegada, em que sereis dispersos, cada um para sua casa, e me deixareis só; contudo não estou só, porque o Pai está comigo". (João, 16:32.)

Mateus confirma o fato, nesta frase sucinta e seca: "Então os discípulos todos, deixando-o, fugiram". (26:56.)

A Crucificação

E a crucificação? Os Salmos traçam um roteiro *que seria seguido servilmente pelos fatos,* mil e cem anos depois, numa sucessão de espantosos acontecimentos, desde o martelamento dos cravos, o jogo dos soldados para a partilha das vestes, o escárnio dos transeuntes, a esponja com vinagre e fel, a morte, e até a preservação dos ossos do Senhor, com estas palavras:

"Preserva-lhe todos os ossos, nem um deles sequer será quebrado". (34:20.)

Registra Werner Keller que "quando se queria acabar finalmente com o sofrimento do crucificado, recorria-se ao 'crurifragium': quebravam-se-lhe os joelhos a golpes de bastão. Então, não podendo mais apoiar-se nos pés, ele morria rapidamente de insuficiência cardíaca". (EBTR, p. 331.)

Jesus foi poupado ao "crurifragium", porque, como lemos em João, 19:32/3, os soldados quebraram as pernas ao primeiro e ao outro que com Ele foram crucificados, mas, quando chegaram a Jesus, tendo visto que já estava morto, não o submeteram àquela penalidade.

"E eu – disse Jesus, referindo-se à crucificação –, quando for levantado da terra, atrairei todos a mim mesmo". (João, 12:32.)

Aduz mais, no mesmo livro, agora se valendo de uma figura emblemática do Velho Testamento:

"E do modo por que Moisés levantou a serpente no deserto, assim importa que o Filho do homem seja levantado, para que todo o que nele crê tenha a vida eterna". (3:14/5.)

Até os menores fatos e as últimas palavras que o Cristo diria na cruz, para comprovar perante a posteridade que Ele era realmente o Messias prometido, serão a repetição literal do que previram as profecias.

Eis o que registraram admiravelmente os Salmos:

"(…) traspassaram-me as mãos e os pés". (22:16.)

"Repartem entre si as minhas vestes, e sobre a minha túnica deitam sortes". (22:18.)

Quando Gandhi foi morto, em 1.948, dizem historiadores que seu espólio se constituía de uma tanga, um par de óculos, uma caneta-tinteiro, um primitivo relógio de algibeira e um par de sandálias. A cabra, que lhe fornecia leite para a refeição diária, era emprestada e foi devolvida ao dono. Jesus deixou materialmente menos: apenas as vestes do corpo, que foram repartidas em quatro partes para os quatro soldados, e a túnica, que eles não quiseram rasgar por ser inconsútil, isto é, sem costura, e sobre ela lançaram sortes para saber a quem caberia. (João, 19:23/4.)

"Todos os que me veem zombam de mim; afrouxam os lábios e meneiam a cabeça: confiou no Senhor! livre-o ele, salve-o, pois nele tem prazer". (Salmos, 22:7/8.)

"Por alimento me deram fel, e na minha sede me deram a beber vinagre". (Salmos, 69:21.)

"Deus meu, Deus meu, por que me desamparaste?" (Salmos, 22:1.)

Acerca desse versículo do Velho Testamento, que o Senhor *declamou* na hora da cruz (pois era costume do povo hebreu, naquele tempo, recitar salmos nos momentos de angústia, e Jesus sempre demonstrou respeito pela tradição), tem-se ruminado muito ao longo dos tempos, escrevendo-se as coisas mais disparatadas.

Entretanto, o estudo dos Evangelhos *como um todo* revela, com segurança, que *não podia estar se declarando desamparado por Deus, na cruz,*

1) Aquele que inspirou a João Evangelista as seguintes palavras a Seu respeito: *"A vida estava nele, e a vida era a luz dos homens. A luz resplandece nas trevas, e as trevas não prevaleceram contra ela"* (João, 1:4/5);

2) Aquele que disse aos judeus: "Em verdade, em verdade eu vos digo: Quem ouve a minha palavra e crê naquele que me enviou, tem a vida eterna, não entra em juízo, *mas passou da morte para a vida*" (João, 5:24). "Eu sou o pão vivo que desceu do céu; (...) quem comer este pão *viverá eternamente*" (6:51;58). "Se alguém guardar a minha palavra, *não verá a morte, eternamente*" (8:51);

3) Aquele que disse a Marta, irmã de Lázaro, à véspera de ressuscitá-lo: *"Eu sou a ressurreição e a vida.* Quem crê em mim, ainda que morra, viverá; e todo o que vive e crê em mim, *não morrerá, eternamente"* (João, 11:25/6);

4) Aquele que disse aos discípulos no momento de Sua prisão: "Eis que vem a hora e já é chegada, em que sereis dispersos, cada um para sua casa, e me deixareis só; contudo **não estou só, porque o Pai está comigo**" (João, 16:32);

5) Aquele, finalmente, que já havia recebido de Deus toda a autoridade no Céu e na Terra (Mateus, 28:18) e a disponibilidade plena sobre a vida e a morte, como se vê nesta claríssima passagem: "Por isso o Pai me ama, *porque eu dou a minha vida para a reassumir. Ninguém a tira de mim;* pelo contrário, eu espontaneamente a dou. Tenho autoridade para a entregar e também para reavê-la. Este mandato recebi de meu Pai" (João, 10:17/8).

Logo, Aquele que, sem nenhuma mácula, se dignou percorrer a via dolorosa para ensinar ao homem, com o exemplo, o caminho da redenção humana, estava na verdade ensinando-o agora a vencer a morte depois de tê-lo ensinado a viver. E revelou a fraqueza moral que **não Ele, o Cristo**, mas o homem, com raríssimas exceções, expressaria no instante da morte, por meio daquelas palavras de desalento.

Por ignorar sua imortalidade como Espírito, normalmente o homem se acovarda quando pressente a proximidade do fim, e por pensamentos, palavras, sinais ou vibrações nervosas deixa transparecer esta mensagem de profunda derrota moral, que pode macular toda a integridade de uma vida bem vivida: "Deus meu, Deus meu, por que me desamparaste?"

Se Jesus podia *dar a vida e a retomar* quando quisesse, se tinha autoridade para *a entregar e também para a reaver*, se podia evocar em sua defesa mais de doze legiões de anjos dos planos sidéreos (Mateus, 26:53), se declarou aos discípulos não temer o abandono deles, pois "não estou só, porque o Pai está comigo", então com que fim proferiria aquele terrível e desabonador lamento? com que fim perguntaria ao Pai por que o abandonou? A lógica demonstra que a verdadeira explicação transcende em muito os míseros recursos das interpretações humanas.

Mas prossigamos:

"Nas tuas mãos entrego o meu espírito; (...)". (Salmos, 31;5.)

Na parábola dos lavradores maus, Jesus fala de Si mesmo, quando diz que "os lavradores, vendo o filho, disseram entre si: Este é o herdeiro; ora vamos, matemo-lo, e apoderemo-nos de sua herança. E agarrando-o, lançaram-no fora da vinha e o mataram" (Mateus, 21:38/9), prevenindo, assim, Seus discípulos a respeito de Sua própria morte.

Os Três Dias no Seio da Terra

Até os três dias, de acordo com o calendário judaico, que mediariam entre a crucificação e a ressurreição, foram anunciados assombrosamente por Jesus àquela "geração má e adúltera", como sinal característico de Sua transcendental missão. Isto ocorreu em duas passagens dos Evangelhos:

A primeira, quando escribas e fariseus Lhe pediram um sinal:

"Ele, porém, respondeu: Uma geração má e adúltera pede um sinal; mas nenhum sinal lhe será dado, senão o do profeta Jonas. Porque assim como esteve Jonas três dias e três noites no ventre do grande peixe, assim o Filho do homem *estará três dias e três noites no coração da terra*". (Mateus, 12:39/40.)

A segunda, quando expulsou os vendilhões do templo:

"Perguntaram-lhe, pois, os judeus: Que sinal nos mostras, para fazeres estas coisas? Jesus lhes respondeu: Destruí este santuário, *e em três dias o reconstruirei*. Replicaram os judeus: Em quarenta e seis anos foi edificado este santuário, e tu, em três dias, o levantarás? Ele, porém, se referia *ao santuário do seu corpo*". (João, 2:18/21.)

Ressurreição

Ensina a Doutrina Espírita que não há ressurreição de corpo físico. Uma vez que a matéria se transforma em cadáver, dissolve-se na terra e seus elementos passam a formar outros corpos no seio da natureza. O Espírito, seu antigo dono, agora revestido apenas do corpo espiritual (ou perispírito), só poderá adquirir um novo corpo de carne pela reencarnação, ou seja, pela volta ao útero materno.

Jesus, na passagem citada, ao expulsar os vendilhões do templo, diz que reconstruiria em três dias aquele santuário. João Evangelista interpreta que Ele se referia ao santuário de Seu corpo. Os Evangelhos, por sua vez, comprovam que Jesus ressuscitou, "após três dias no seio da terra". E para convencer Seus apóstolos estupefatos de que a vida após a morte é a continuidade da vida durante a vida, alimenta-se de mel e peixe na presença deles e imprime na plasticidade de Seu corpo espiritual as marcas deixadas pelos cravos e pela lança na hora da cruz. (Lucas, 24:36/43.)

Era a prova insofismável de Sua identidade, *antes e depois da cruz*, e a comprovação fática para os apóstolos de que eles também sobreviveriam à morte quando encerrassem sua missão neste mundo. Sua estratégia foi tão convincente que os discípulos – os quais, por temerem a morte, fugiam apavorados dos romanos e judeus até aquele momento –, passaram a enfrentá-los com a palavra da Verdade e a mensagem da salvação, entregando-se jubilosos à espada, à lapidação e à cruz.

A respeito da ressurreição, os judeus tinham duas ordens de ideias, ambas incompletas e confusas:

– Uma se confundia com a reencarnação.

O rei Herodes mandou degolar João no cárcere. Quando, depois, chegou a seus ouvidos a fama do Cristo, ele disse aos que o serviam: Este é João Batista; *ele ressuscitou dos mortos* e, por isso, nele operam forças miraculosas. (Mateus, 14:1.)

Em outra ocasião, quando Jesus perguntou a Seus discípulos: *Quem diz o povo* ser o Filho do homem? Eles responderam: Uns dizem: João Batista; outros: Elias; e outros: Jeremias, ou algum dos profetas. (Mateus, 16:13/4.)

Vemos assim que as autoridades e as massas pensavam da mesma forma. Ora, como podia o Divino Mestre ser João, se ambos eram contemporâneos? Tal ignorância somente poderia ser justificada pelas densas trevas intelectuais que dominavam naquele tempo, mas não hoje, com o advento glorioso da Terceira Revelação.

— A outra ordem de ideias se confundia com um despertar na vida espiritual, após a morte do corpo.

O saduceus, que diziam não haver ressurreição, propuseram uma questão capciosa a Jesus, valendo-se da instituição matrimonial muito difundida em seu tempo, do levirato (casamento da viúva com o cunhado). Disseram que sete irmãos casaram-se com a mesma mulher, sucessivamente, um após a morte do outro. Depois, ela também morreu. Na ressurreição – perguntaram eles, com fingida expressão de surpresa, mas sem sopitar um certo ar de triunfo –, de quem ela será esposa?

Jesus lhes respondeu: "Não provém o vosso erro de não conhecerdes as Escrituras, nem o poder de Deus? Pois quando ressuscitarem de entre os mortos, nem casarão, nem se darão em casamento; porém são como os anjos nos céus. (…) Laborais em grande erro". (Marcos, 12:24/5;27.)

O Domingo da Ressurreição, Passo a Passo

No que diz respeito à ressurreição, os que leem os Evangelhos de Mateus, Marcos, Lucas e João não têm uma ideia precisa de como se deu esse fato extraordinário, único até hoje nos anais da História. E isso decorre, talvez, da circunstância de as narrativas terem sido escritas em épocas diferentes, com um expressivo lapso temporal entre elas.

Mateus, por exemplo, escreveu seu Evangelho logo nos primeiros anos após a ascensão de Jesus, ao passo que João o fez quando já estava quase centenário, na ilha de Patmos ou em Éfeso, cidade onde teria morrido. Ambos foram testemunhas oculares e auriculares da ressurreição.

Marcos e Lucas redigiram nesse intervalo, sem que tenhamos a data correta de quando cada um elaborou o seu. Eles não presenciaram os fatos, mas diligenciaram e se reportaram ao que ouviram de terceiros.

Além disso, cada um dos quatro evangelistas se detém em momentos diferentes daquele grande acontecimento, tornando-se difícil, para o leitor, entender a continuidade lógica do evento, da maneira como realmente aconteceu.

Esse é mais um precioso esclarecimento que a Doutrina Espírita veio prestar à Humanidade. Em suas páginas de luz encontramos o roteiro certo de como tudo se deu naquele domingo inesquecível. Por essa narrativa, os quadros vivos da ressurreição se encadeiam de forma coerente e as cenas se desenrolam vívidas, com celeridade e precisão, diante de nossos olhos.

É o que podemos ver, passo a passo e quadro a quadro, no texto condensado a seguir, de acordo com o que está lavrado nos Evangelhos iluminados pela luz do Espiritismo:

Caindo a tarde da sexta-feira, veio um homem rico de Arimateia, chamado José, que também era discípulo do Cristo. Ele foi ter com Pilatos e lhe pediu o corpo de Jesus. Então Pilatos mandou que lho fosse entregue. E José, tomando-o, envolveu-o num pano limpo de linho, e o depositou em um túmulo novo, que ele fizera abrir na rocha; e, rolando uma grande pedra para a entrada do sepulcro, se retirou. Achavam-se ali, sentadas em frente da sepultura, tudo observando, Maria Madalena e a outra Maria.

No dia seguinte, que é o dia depois da preparação, reuniram-se os principais sacerdotes e os fariseus e, dirigindo-se a Pilatos, disseram-lhe: "Senhor, lembramo-nos de que aquele embusteiro, enquanto vivia, disse: Depois de três dias ressuscitarei. Ordena, pois, que o sepulcro seja guardado com segurança até ao terceiro dia, para não suceder que, vindo os discípulos, o roubem, e depois digam ao povo: Ressuscitou dos mortos; e será o último embuste pior que o primeiro". Disse-lhes Pilatos: "Aí tendes uma escolta; ide e guardai o sepulcro como bem vos parecer". Indo eles, montaram guarda ao sepulcro, selando a pedra e deixando ali as sentinelas.

Passado o dia de sábado, Maria Madalena, Maria mãe de Tiago e de Salomé, Joana e as outras que com elas andavam partiram alta madrugada, quando o dia mal começava a alvorecer e chegaram ao sepulcro ao nascer do sol, levando os aromas que haviam comprado e preparado para embalsamamento do corpo de Jesus.

Diziam entre si: "Quem nos tirará a pedra da entrada do sepulcro?"

De repente, um grande abalo do solo se fez sentir e no mesmo instante a pedra que fechava a entrada do sepulcro foi atirada para o lado, quebrando-se os selos que os fariseus lhe haviam aposto. De tal pavor se encheram os guardas, que ficaram como mortos.

Então, as mulheres viram (elas e não os guardas, pois só elas eram médiuns videntes e, além disso, audientes) um anjo do Senhor, ou seja, um Espírito superior, cujo semblante resplandecia qual relâmpago e cujas vestes eram alvas como a neve, que, tendo descido do céu, se assentara sobre a pedra por ele removida do lugar.

O anjo, dirigindo-se às mulheres, disse: – "Vós nada temais, porquanto sei que procurais a Jesus, que foi crucificado. Ele aqui não está, pois que ressuscitou, como o dissera. Vinde e vede o lugar onde o Senhor fora colocado. Dai-vos pressa em ir dizer a seus discípulos que o Mestre ressuscitou. Ele vos precederá na Galileia; lá o vereis, eu vo-lo predigo".

Entrando no sepulcro (com o anjo que lhes acabara de falar), viram elas outro anjo, que tomaram por um mancebo, sentado do lado direito do sepulcro, envolto num alvo manto, e ficaram muito espantadas.

Tendo penetrado no sepulcro, não acharam lá o corpo do Senhor Jesus, o que lhes causou grande consternação. E como, por efeito do medo que de todas se apoderou, ficaram imóveis a olhar para o chão, os dois anjos lhes disseram:

– "Por que procurais entre os mortos aquele que está vivo? Ele não está aqui; ressuscitou. Lembrai-vos do que vos declarou quando ainda se achava na Galileia, dizendo: Cumpre que o filho do homem seja entregue às mãos dos pecadores, seja crucificado e ressuscite ao terceiro dia". Elas então se lembraram das palavras de Jesus.

Essas aparições dos anjos a Maria e às outras mulheres eram visíveis e audíveis, mas não tangíveis. As repetições e insistências empregadas por eles no seu falar, antes que as mulheres tivessem entrado no sepulcro e depois que entraram, não devem ser de molde a vos surpreender.

O terror que lhes causaram aqueles fenômenos tão repentinos e estranhos, o abalo do solo, que tomaram por um grande tremor de terra, o descolamento e o derribamento da pedra, as aparições sucessivas dos anjos não as haviam lançado em grande consternação, numa perturbação profunda?

Nessa situação cheia de emoções tão diversas para elas, que eram simples, ignorantes, ingênuas e amorosas, não se fazia mister tranquilizá-las, consolá-las e gravar-lhes na memória o que tinham de relatar aos discípulos? Daí as repetições e insistências empregadas por eles no seu falar.

Elas saíram imediatamente do sepulcro, amedrontadas, mas, ao mesmo tempo, cheias de contentamento, e fugiram, pois que as haviam assaltado o espanto e o medo. Nada a ninguém disseram pelo caminho, tal o pavor de que se achavam possuídas. Correram a noticiar, a contar tudo aquilo aos onze apóstolos, aos discípulos e a todas as demais pessoas. Maria Madalena, Joana, Maria mãe de Tiago e as outras que com estas andavam é que referiram todos aqueles fatos aos apóstolos. Para irem fazer a narrativa, separaram-se, tomando diversas direções.

Maria Madalena saiu a correr e foi ter com Simão Pedro e com o outro discípulo a quem Jesus amava e lhes disse: – "Roubaram do sepulcro o Senhor e não sabemos onde o puseram".

Imediatamente, Pedro e o outro discípulo saíram e foram ao sepulcro, ambos a correr. O outro discípulo, porém, correndo mais do que Pedro, chegou primeiro. Abaixou-se e viu no chão o lençol, mas não entrou. Chegou em seguida Simão Pedro, que o seguia, e entrou no sepulcro. Viu o lençol que lá estava, bem como o sudário, que haviam posto sobre o rosto de Jesus. O sudário, entretanto, não se achava junto com o lençol e sim dobrado a um canto. Então, o outro discípulo, que primeiro chegara, entrou também, viu e acreditou. Em seguida, ambos voltaram para casa.

Mas, Maria Madalena (que voltara ao sepulcro com Pedro e João) ficou sozinha da parte de fora a chorar. Chorando, ela se abaixou para olhar dentro do sepulcro e viu novamente os dois anjos vestidos de branco e sentados no lugar onde estivera o corpo de Jesus, um do lado da cabeça, o outro do lado dos pés.

Perguntaram eles: – "Mulher, por que choras?" Maria respondeu: – "É que levaram daqui o meu Senhor e não sei onde o puseram". Acabando de dizer isso, ela se voltou e viu Jesus de pé, mas sem saber que era ele. Jesus então lhe disse: – "Mulher, por que choras? A quem procuras?" Ela, pensando que fosse o jardineiro, respondeu: – "Senhor, se foste tu que o tiraste daqui, dize-me onde o puseste e eu o levarei comigo". Jesus disse apenas: – "Maria". Logo ela se virou e exclamou: – "Rabôni!" (que quer dizer: Mestre!). Jesus lhe observou: – "Não me toques, pois que ainda não subi a meu pai. Mas, vai ter com meus irmãos e dize-lhes de minha parte que: Eu subo a meu Pai e vosso Pai, ao meu Deus e vosso Deus".

Maria não reconheceu de pronto a Jesus, porque este, no primeiro momento, não se lhe apresentou com o aspecto sob o qual ela até então o vira. Ele usara, para lhe falar, de uma voz que lhe era desconhecida. Em seguida, retomou a que Maria tantas vezes escutara e que, impressionando-a, a fez voltar-se de novo. Então o Mestre lhe mostrou o semblante que tinha habitualmente. Proibiu-lhe que o tocasse, porque só teria encontrado o vácuo, porquanto a aparência humana que diante dela estava era impalpável para o homem.

Tendo ido levar a notícia dessa aparição de Jesus aos que com ele haviam andado, e que agora estavam aflitos e chorosos, Maria Madalena, que se separara das outras mulheres para correr em busca de Pedro e de João, as encontrara de novo. E eis que Jesus lhes surgiu pela frente e disse: – "Salve!" Elas se aproximaram dele, abraçaram-se-lhe aos pés e o adoraram. Disse-lhes então Jesus: – "Nada temais; ide dizer a meus irmãos que vão para a Galileia, que lá me verão".

Essa segunda aparição de Jesus às mulheres (aparição que a anterior, a Maria Madalena, preparara) foi visível, audível e tangível. Jesus se lhes apresentou tal qual elas o haviam conhecido, com a aparência da corporeidade humana, vestido como sempre o viram.

Enquanto elas iam indo seu caminho, alguns dos guardas foram à cidade e referiram aos príncipes dos sacerdotes o que sucedera. Estes se reuniram em conciliábulo com os anciães e deram grande soma de dinheiro aos soldados, recomendando-lhes que dissessem: "Seus discípulos vieram durante a noite e o roubaram, enquanto dormíamos". E acrescentaram: – "Se isto chegar aos ouvidos do governador, nós o persuadiremos e vos garantiremos". Os soldados receberam o dinheiro e fizeram o que lhes tinha sido recomendado.

Chegando as mulheres onde se achavam os discípulos, Maria Madalena tomou a palavra para narrar as duas aparições de Jesus (primeiro a ela e, depois, a ela e às mulheres) e tudo o que tinha visto e ouvido. Por ter sido a única desta vez a relatar os fatos, só a ela se referem as narrativas de Marcos e de João.

A aparição de Jesus a Pedro se verificou quando este, voltando da visita que fizera ao sepulcro, procurava a solução do problema que lhe era incompreensível. Foi uma aparição simples, isto é: apenas visível. Jesus apareceu e desapareceu de repente à vista mediúnica de Pedro, pois, como sabeis, esse apóstolo era médium vidente.

A narrativa da aparição de Jesus a Pedro, depois aos dois discípulos que iam para a aldeia de Emaús, a exposição que eles lhes fizeram das cir-

cunstâncias em que essas aparições se deram, do que lhes dissera o Mestre, e de tudo o que ocorrera, abalou a incredulidade dos apóstolos. Contudo, ainda não acreditavam.

Falavam ainda estas coisas, quando Jesus, estando trancadas as portas da casa onde se encontravam, apareceu no meio deles e lhes disse: – "Paz seja convosco". Eles, porém, surpresos e atemorizados acreditavam estarem vendo um espírito. Mas ele lhes disse: – "Por que estais perturbados? e por que sobem dúvidas aos vossos corações? Vede as minhas mãos e os meus pés, que sou eu mesmo; apalpai-me e verificai, porque um espírito não tem carne nem ossos, como vedes que eu tenho".

Dizendo isto, mostrou-lhes as mãos e os pés. E, por não acreditarem eles ainda, por causa da alegria, e estando admirados, Jesus lhes disse: – "Tendes aqui alguma coisa que comer?" Então lhe apresentaram um pedaço de peixe assado. E ele comeu na presença deles.

Tal é, coordenados os diversos fatos que cada evangelista relatou isoladamente, a narração do que então ocorreu. (OQE, 3º vol., p. 480/516.)

Todos esses fatos se deram no domingo da ressurreição. Jesus, nesse dia, apareceu cinco vezes a Seus seguidores: primeiro, a Maria Madalena e, segundo, a Maria Madalena e às mulheres, ambas as aparições ocorridas no Gólgota ou Calvário, próximo ao local da crucificação; terceiro, a Pedro, quando este retornava da visita que fizera ao sepulcro, acompanhado por João; quarto, aos dois discípulos que, na tarde daquele domingo, se dirigiam para a aldeia de Emaús; e, quinto, já ao cair da noite, aos apóstolos e discípulos, quando estes se encontravam reunidos em Jerusalém, a portas fechadas, por medo dos judeus.

Oito dias após esta última aparição, Jesus voltou a encontrar-se com os discípulos, ocasião em que se achava presente Tomé. Pediu-lhe então que Lhe tocasse as chagas, a fim de quebrar-lhe a incredulidade. Depois, conduziu-os a Betânia, onde, erguendo as mãos, os abençoou. Aí é que lhes determinou fossem para o monte da Galileia, onde O veriam novamente.

Quando os discípulos, partindo de diversos pontos, iam a caminho da Galileia, a fim de aí se reunirem, foi que, à margem do lago Tiberíades, se deu a aparição de Jesus a Simão Pedro, a Tomé apelidado Dídimo, a Natanael nascido em Caná na Galileia, aos filhos de Zebedeu e aos dois outros discípulos, os quais tinham ido pescar todos juntos.

Depois, na Galileia, diante de quinhentos galileus que O adoraram, foi que Ele os abençoou e, deixando-os, se elevou para o céu. Depois disso, voltaram a Jerusalém, cheios de alegria.

O Evangelho de Isaías

Finalmente, Isaías resume, nos capítulos 52 e 53 de seu livro, tudo o que disseram os demais profetas a respeito de Jesus, de uma forma doce e extraordinariamente bela. Para mergulharmos na grandeza da mensagem, basta olharmos suas profecias como se mirássemos um panorama virtual criado pelos anjos, em que os quadros vivos se movessem e interpenetrassem, numa transfiguração contínua e permanente em glorificação ao Senhor.

Esse grande profeta foi considerado "o quinto evangelista", exatamente por haver escrito um verdadeiro evangelho antecipado. Seus escritos, que juncam o solo bíblico de flores resplandecentes, trazem evocações do futuro e é possível encontrar neles a marca das passadas que Jesus daria cerca de 700 anos depois neste mundo, bem como a aura aromal de Sua presença.

De acordo com pesquisadores e exegetas da história sagrada, ele era de alta linhagem, profetizou em setenta e uma línguas e, ao contrário dos outros profetas, estava plenamente consciente quando a Inspiração Divina lhe falava. Isaías, cujo nome significa *Salvação de Deus*, exerceu seu ministério e sua mensagem em Israel pelo período de mais ou menos cinquenta anos, sempre sob a nuvem negra e ameaçadora da Assíria. Teria sido martirizado por ordem de Manassés, 12º rei de Judá. Uma tradição que se encontra em antigos escritores cristãos, como Justino e Tertuliano, na literatura apócrifa (falsa ou não canônica), diz que ele foi serrado pelo meio (vide Paulo aos Hebreus, 11:37).

Ao contrário do que muitos dizem e escrevem, nos escritos sagrados desse profeta Jesus não sobressairia como um homem que chamasse a atenção pela beleza física, mas pela altaneria de Sua mensagem; subiria sozinho do seio de um povo árido, para cumprir um desiderato divino em meio ao desprezo geral de seus contemporâneos; carregaria sobre Si as iniquidades humanas, daí o Seu aspecto de homem sofrido e que sabe o que é padecer; como ovelha muda, não se defenderia perante Seus acusadores; seria morto entre os perversos e transgressores, entretanto, a vontade do Senhor prosperaria em Suas mãos, iluminaria a posteridade e, com isso, Sua alma ficaria plenamente satisfeita.

E, o que impressiona fortemente, "com o rico esteve na sua morte"! Realmente: José de Arimateia era um homem rico (Mateus, 27:57), bom e justo (Lucas, 23:50); ilustre membro do Sinédrio, que também esperava o Reino de Deus (Marcos, 15:43); discípulo de Jesus, ainda que ocultamente (João, 19:38); não deu a sua aprovação à sentença de morte do Senhor; tendo procurado Pilatos, pediu-lhe o corpo do Divino Mestre, desprendeu-o da cruz, envolveu-o num lençol de linho (Lucas, 23:51/3) e, com Nicodemos (João, 19:38/9), depositaram-no num túmulo aberto na rocha, onde ninguém ainda havia sido sepultado (Lucas, 23:55).

Entretanto, para que anteciparmos Isaías, se podemos sentir diretamente o dulçor de sua palavra imantada de aliciante magnetismo?:

"Eis que o meu servo procederá com prudência; será exaltado e elevado, e será mui sublime. Como pasmaram muitos à vista dele, pois o seu aspecto estava mui desfigurado, mais do que o de outro qualquer, e a sua aparência mais do que a dos outros filhos dos homens, assim causará admiração às nações, e os reis fecharão as suas bocas por causa dele; porque aquilo que não lhes foi anunciado verão, e aquilo que não ouviram entenderão. Quem creu em nossa pregação? E a quem foi revelado o braço do Senhor? Porque foi subindo como renovo perante ele, e como raiz duma terra seca; não tinha aparência nem formosura; olhamo-lo, mas nenhuma beleza havia que nos agradasse".

"Era desprezado, e o mais rejeitado entre os homens; homem de dores e que sabe o que é padecer; e como um de quem os homens escondem o rosto, era desprezado, e dele não fizemos caso. Certamente ele tomou sobre si as nossas enfermidades, e as nossas dores levou sobre si; e nós o reputávamos por aflito, ferido de Deus, e oprimido. Mas ele foi traspassado pelas nossas transgressões, e moído pelas nossas iniquidades; o castigo que nos traz a paz estava sobre ele, e pelas suas pisaduras fomos sarados".

"Todos nós andávamos desgarrados como ovelhas; cada um se desviava pelo caminho, mas o Senhor fez cair sobre ele a iniquidade de nós todos. Ele foi oprimido e humilhado, mas não abriu a boca; como cordeiro foi levado ao matadouro; e, como ovelha, muda perante os seus tosquiadores, ele não abriu a sua boca. Por juízo opressor foi arrebatado, e de sua linhagem quem dela cogitou? Porquanto foi cortado da terra dos viventes; por causa da transgressão do meu povo foi ele ferido. Designaram-lhe a sepultura com os perversos, mas com o rico esteve na sua morte, posto que nunca fez injustiça, nem dolo algum se achou em sua boca".

"Todavia, ao Senhor agradou moê-lo, fazendo-o enfermar; quando der ele a sua alma como oferta pelo pecado, verá a sua posteridade e prolongará os seus dias; e a vontade do Senhor prosperará nas suas mãos. Ele verá o fruto do penoso trabalho de sua alma, e ficará satisfeito; o meu Servo, o Justo, com o seu conhecimento, justificará a muitos, porque as iniquidades deles levará sobre si. Por isso eu lhe darei muitos como a sua parte e com os poderosos repartirá ele o despojo, porquanto derramou a sua alma na morte; foi contado com os transgressores, contudo levou sobre si o pecado de muitos, e pelos transgressores intercedeu". (52:13/15 - 53:1/12.)

Ascensão e Volta

Sua ascensão estava igualmente prevista por Davi, nos Salmos, 68:18: "Subiste às alturas, levaste cativo o cativeiro; (...)".

Jesus falaria também desse fato insólito àqueles discípulos que, por acharem o Seu discurso muito duro, resolveram abandoná-Lo: "Que será, pois, se virdes o Filho do homem subir para o lugar onde primeiro estava?" (João, 6:62.)

Os profetas antigos, porém, falariam não somente de Sua vinda, mas até de Sua volta. Daniel (cerca de 600 a.C.) e Ezequiel eram profetas do cativeiro, ministrando em Babilônia. O livro de Daniel é considerado uma introdução ao Apocalipse de Jesus segundo João, e trata especialmente da manifestação do Anticristo, da grande tribulação, da vinda do Senhor, da ressurreição e dos juízos divinos. É o Apocalipse do Velho Testamento. Daniel falaria também da volta do Cristo, sendo-lhe inspirada uma imagem desse evento que seria reutilizada por Jesus, perante seus julgadores.

Diz Daniel, em 7:13: "Eu estava olhando nas minhas visões da noite, e eis que vinha com as nuvens do céu um como o Filho do homem (...)". Quando, em Mateus, 26:63/4, o sumo sacerdote provoca Jesus: "Eu te conjuro pelo Deus vivo que nos digas se tu és o Cristo, o Filho de Deus", Jesus lhe responde: "Eu o sou; entretanto, eu vos declaro que desde agora vereis o Filho do homem assentado à direita do Todo-Poderoso, e vindo sobre as nuvens do céu".

Nessa altura da exposição, provavelmente terão surgido na mente do atento leitor as seguintes perguntas:

– Por que é tão minuciosa a profecia em relação a todos esses acontecimentos?

– Qual a finalidade de tudo isso?

E a resposta é simples:

– Para mostrar aos homens que, se a profecia se realizou com tanta precisão nos fatos já acontecidos, com a mesma precisão *há de realizar-se naqueles que estão por acontecer*, provando, assim, com a lógica mais cristalina, que o futuro já está traçado e previsto em suas linhas fundamentais, podendo, ainda, graças à profecia, ser conhecido.

Mas não poderíamos encerrar este breve estudo sobre o tema profecia sem falar da indescritível visão do futuro que o Cristo projetou, revelando, principalmente em Suas parábolas, o desdobramento de tudo o que iria acontecer com o planeta Terra e com a Humanidade até a sua estação de destino.

Onde a profecia esplende em toda a sua luz, revelando o roteiro sublime das nações e as etapas purificadoras a que serão submetidos os povos do mundo inteiro até a sua redenção final, é, sem qualquer controvérsia, nas parábolas de Jesus. Nelas, o Cordeiro de Deus apresenta o planejamento divino, numa abrangência de milhares de anos, mas previdentemente sob o véu diáfano da alegoria, para que pudessem servir a todos os tempos e a todos os povos ao longo dessa marcha evolutiva.

As parábolas da rede, das bodas, do joio, dos lavradores e do grande julgamento são, entre outras, esse mapa planetário onde se encontra com rico detalhamento todo o traçado perene por onde caminhará no seu dia a dia a Humanidade. Seria impossível nos estendermos aqui na análise de cada uma, sob pena de tornar este capítulo muito mais extenso do que o desejado. Além do mais, o estudo já está realizado nas obras da Doutrina Espírita, de uma forma simples e muito bela, e extremamente fácil de ser assimilada. A esse estudo remetemos o leitor que queira mergulhar na essência profética do futuro, como se ouvisse, em *off*, a voz do próprio Cristo a orientá-lo e esclarecê-lo em cada etapa da análise.

Desvelando o Futuro: A destruição de Jerusalém

Desvelando o Futuro

"Certamente o Senhor Deus não fará coisa alguma, sem primeiro revelar o seu segredo aos seus servos, os profetas."
(Amós, 3:7)

O que vimos até aqui, no que se refere às previsões mais imediatas de Jesus na Palestina, poderia ser catalogado no campo da premonição, pois se referia a fatos que ocorreram em Sua época e foram presenciados por Seus contemporâneos. Profecia, porém, é algo muito mais profundo e complexo e pode abranger períodos desde algumas décadas a indelimitadas Eras do porvir. Vejamos algumas:

A Destruição de Jerusalém

A destruição de Jerusalém, por exemplo, foi profetizada por Jesus, e ocorreu 37 anos depois, quando Tito, general romano, cercou a cidade com suas legiões e máquinas de guerra e a tomou. Jerusalém era uma verdadeira praça fortificada, cercada por três muros ou muralhas quase inexpugnáveis. Depois de um cerco de 5 meses, foi conquistada e destruída. Historiadores dizem que, em sua fúria, os conquistadores cavaram e viraram as próprias pedras dos alicerces. Eis como o Cristo antecipa esse grande feito militar:

"Quando ia chegando, vendo a cidade, chorou, e dizia: Ah! Se conheceras por ti mesma ainda hoje o que é devido à paz! Mas isto está agora oculto aos teus olhos. Pois sobre ti virão dias em que os teus inimigos te cercarão de trincheiras e, por todos os lados, te apertarão o cerco; e te arrasarão e aos teus filhos dentro de ti; não deixarão em ti pedra sobre pedra porque não reconheceste a oportunidade da tua visitação". (Lucas, 19:41/4.)

E ainda:

"E, dizendo alguns, a respeito do templo, que estava ornado de belas pedras e de ricas ofertas, Jesus disse: Destas coisas que vedes, virão dias em que não ficará pedra sobre pedra que não seja demolida. Quando virdes, pois, que Jerusalém é sitiada por um exército, então sabei que está próxima a sua devastação. Porque haverá grande angústia sobre a terra, e ira contra este povo. E cairão ao fio da espada, e serão levados cativos a todas as nações, e Jerusalém será calcada pelos gentios". (Lucas, 21:5,6,20,23,24.)

Eis, num breve resumo, como Werner Keller descreve o feito:

Pouco antes da lua cheia da primavera de 70, Tito encontrava-se com um exército imenso diante de Jerusalém. Por todos os caminhos e estradas avançavam para a cidade colunas como a Judeia nunca vira. Eram a 5^a, a 10^a, a 12^a e a 15ª legiões, seguidas de cavalaria, tropas de sapadores e tropas auxiliares, quase 80.000 homens!

A Cidade Santa fervilhava de gente; peregrinos de perto e de longe acorreram para lá a fim de celebrarem a festa da Páscoa. Um ultimato para que se rendessem foi recebido com riso e escárnio. Tito replicou com a ordem de assaltar. A artilharia romana – scorpiones (escorpiões: catapultas de tiro rápido) e balistas [máquinas para arremessar flechas, pedras etc.] – foi disposta em ordem de ataque. Cada uma dessas máquinas arremessava pedras de 50 quilogramas de peso a 185 metros de distância!

No lado norte os sapadores atacaram o calcanhar de Aquiles da fortaleza. Só quando as pesadas pedras começaram a cair incessante e estrepitosamente na cidade, quando soava de dia e de noite o ruído surdo dos aríetes, terminou a luta fratricida dentro da fortaleza. Os partidos rivais fizeram as pazes. Dos chefes dos partidos, Simão bar Giora, o moderado, recebeu o encargo de defender a frente norte, e João de Gischala, o zelote, a de defesa do recinto do templo e da Torre Antônia.

No princípio de maio as máquinas de assédio tinham feito em duas semanas uma grande brecha no muro setentrional. Cinco dias depois os romanos passaram também através da segunda linha de muros.

Convencido de que Jerusalém, diante dessa situação, se renderia, Tito suspendeu o assalto. O grandioso espetáculo de uma grande parada de suas tropas à vista dos sitiados deveria, pensou ele, chamá-los à razão. Os romanos tiraram os seus trajos guerreiros, poliram o mais que puderam os seus uniformes de parada. Os legionários puseram suas couraças, suas cotas de malha, seus elmos.

A cavalaria enfeitou seus cavalos com gualdrapas profusamente ornadas e, ao som de trombetas, desfilaram dez mil combatentes diante de Tito, e sob os olhos dos sitiados recebiam o soldo e alimento substancioso. Durante quatro dias ressoou de manhã cedo até o pôr do sol a marcha das colunas romanas acostumadas à vitória.

Em vão. Comprimidos em cima do velho muro, no lado norte do templo e em todos os telhados, os homens mostravam apenas hostilidade. Demonstração inútil... os sitiados não pensavam em rendição.

A luta foi renovada, partindo da segunda muralha, dirigida contra a fortaleza Antônia. A fome grassava dentro dos muros da cidade. Com o cair da noite os arredores do acampamento formigavam de vultos que surgiam de esconderijos e passagens subterrâneas ou se arrastavam por cima dos muros.

Tito ordenou represálias contra os esfomeados e os trânsfugas que surgissem no acampamento. Quem quer que fosse apanhado fora dos muros – trânsfuga, vagabundo ou forrageador – seria pregado na cruz. Diariamente os soldados pregavam na cruz quinhentos deles junto da cidade. Pouco a pouco foi surgindo em volta, nas encostas da colina, uma verdadeira floresta de cruzes, até que a falta de madeira obrigou a suspender o horripilante suplício. Uma após outra as árvores foram caindo para fazer cruzes, rampas de assédio, escadas de assalto ou fogueiras no acampamento.

Quando os romanos chegaram encontraram uma região florescente. Algum tempo depois haviam desaparecido as vinhas, as plantações de hortaliças, a riqueza em figueiras e oliveiras; nem o Monte das Oliveiras dava mais sombra.

A fim de isolar a cidade hermeticamente, Tito ordenou a construção duma circumvallatio. Revezando-se de dia e de noite, as tropas construíram, num vasto arco em redor de Jerusalém, um alto e forte muro de terra, reforçado por 13 construções fortificadas e vigiado por uma espessa cadeia de postos. Se até então os sitiados ainda podiam, durante a noite, furtivamente, através de túneis e fossos, levar algumas provisões para a cidade, a circunvalação impediu também esse último e escasso reabastecimento.

O espectro da fome apoderou-se da cidade superpovoada pelos peregrinos; a morte fazia uma colheita terrível. A ânsia de comer fosse o que fosse não conhecia mais limites, matava qualquer outro sentimento humano. Muitos fugiam à morte pela fome a coberto da escuridão e iam sofrer sorte igualmente terrível nas mãos do exército.

Entre as tropas auxiliares espalhara-se o rumor de que os fugitivos sempre levavam consigo ouro e pedras preciosas, que engoliam na esperança de que não caíssem em poder dos estrangeiros. Apanhados, os fugitivos eram mortos sem saber por que e indivíduos ávidos abriam-lhes os corpos à procura das joias.

Em agosto de 70 os legionários romanos implantaram suas insígnias no recinto sagrado dos judeus. Assassinando e saqueando, os vencedores tomaram posse da cidade que lhes opusera resistência tenaz e encarniçada e que tanto sangue e tempo lhes havia custado. César ordenou que toda a cidade e o templo fossem arrasados.

As perdas dos judeus foram incalculavelmente elevadas. Durante o sítio encontravam-se na cidade, segundo os dados de Tácito, 600.000 pessoas. Flávio Josefo dá o número de 97.000 prisioneiros, não incluídos os crucificados e chacinados, e acrescenta que só por uma porta foram retirados, no espaço de três meses, 115.800 cadáveres de judeus.

No ano 71, Tito mostrou aos romanos a grandeza de sua vitória sobre Jerusalém com um imenso desfile triunfal na capital do Império. Entre os

73

700 prisioneiros que faziam parte do cortejo encontravam-se a ferros João de Gischala e Simão bar Giora.

Com grandes manifestações de júbilo eram conduzidos também dois despojos preciosos, de ouro puro – o candelabro de sete braços e a mesa de exposição do pão do templo de Jerusalém. Foram depositados em outro lugar sagrado – o Templo da Paz em Roma.

Sobre as ruínas desoladas e sem esperança de Jerusalém, onde nem os judeus nem os adeptos de Cristo podiam pisar, o imperador Adriano (117-138 d.C.) construiu uma nova colônia romana: Aelia Capitolina.

A maior parte da população da Terra Prometida que não morreu na sangrenta Guerra dos Judeus de 66 a 70 ou no levante de Bar-Kocheba de 132 a 135, foi vendida como escrava: "E cairão ao fio da espada, e serão levados cativos a todas as nações".

A mão implacável do destino riscara o nome de Israel do concerto dos povos. Mas a doutrina de Jesus, unificadora e revitalizante, tinha há muito iniciado sua marcha vitoriosa e irresistível através do mundo. (EBTR, p. 345/354.)

Aplicando-se à profecia a Lei dos Ciclos Múltiplos (AGS, p. 92), tem-se que os vaticínios se cumprem, primeiro, regionalmente (é o chamado pequeno ciclo), e depois se repetem, ciclicamente, em novas fases e épocas, mas ampliando-se a cada volta, até abranger o mundo todo (num grande e derradeiro ciclo), exaurindo-se em seguida.

Ontem, Jerusalém era apenas uma cidade. Hoje, é o mundo inteiro. E continua cada vez mais apinhada e cercada de exércitos, porque o deus que o homem verdadeiramente venera ainda é, infelizmente, o deus da força bruta.

Nota 3: Sugere-se, a respeito deste capítulo, a leitura do romance histórico de Emmanuel, **Há 2000 Anos...**, recebido por Francisco C. Xavier e publicado pela FEB, em que, numa trama riquíssima de valiosos ensinamentos, são descritos, dentre outros fatos, o cerco e a tomada de Jerusalém, inclusive minudenciando a ação dos líderes do movimento de resistência da cidade, mencionados por Keller, que foram aprisionados e justiçados, posteriormente, em Roma.

A Vinda do Consolador

A Vinda do Consolador

Outra profecia do Cristo, que teria seu cumprimento ao longo dos tempos, foi a do advento do Consolador, Espírito Santo ou Espírito da Verdade, que se apresentou ao mundo sob a forma de uma Doutrina soberanamente bela e resplandecente denominada por seu sistematizador de Espiritismo.

Antes, em ensaios precursores, ela já bruxuleara no mundo, com o retorno à carne de inúmeros emissários que Jesus mesmo enviaria à Humanidade, na Arábia, com Maomé, na Itália, com Francisco de Assis, na Alemanha, com Lutero, e em várias outras nações com outros missionários. Mas somente na França do século XIX – alavancada agora por uma força incrivelmente superior, a chamada "terceira explosão de luz à Humanidade" – atingiria sua apoteose (pela potência da luz despendida e a universalidade de seu alcance).

Diz Kardec: "O Espiritismo realiza, como ficou demonstrado, todas as condições do *Consolador* que Jesus prometeu. Não é uma doutrina individual, nem de concepção humana; ninguém pode dizer-se seu criador. É fruto do ensino coletivo dos Espíritos, ensino a que preside o Espírito de Verdade. Nada suprime do Evangelho: antes o completa e elucida. Com o auxílio das novas leis que revela, conjugadas essas leis às que a Ciência já descobrira, faz se compreenda o que era ininteligível e se admita a possibilidade daquilo que a incredulidade considerava inadmissível. Teve precursores e profetas, que lhe pressentiram a vinda. Pela sua força moralizadora, ele prepara o reinado do bem na Terra".

"A doutrina de Moisés, incompleta, ficou circunscrita ao povo judeu; a de Jesus, mais completa, se espalhou por toda a Terra, mediante o Cristianismo, mas não converteu a todos; o Espiritismo, ainda mais completo, *com raízes em todas as crenças*, converterá a Humanidade". (AG, p. 387/8.)

Diz mais a mensagem reveladora:

"A lei de Moisés era como um desses blocos informes que o mestre confia ao desbastador. Os séculos lhe haviam limado as asperezas mais fortes, os ângulos mais agudos". É a Primeira Revelação.

"Veio Jesus e com o seu cinzel pleno de doçura, ainda que vigoroso, lhe deu as formas e poliu os contornos. Por sobre a sua obra passaram os séculos e a matéria amoleceu". É a Segunda Revelação.

"*Chegou o momento* de concluí-la. O Mestre toma do buril e os traços mais delicados em breve aparecerão. Desses traços feitos no mármore vai nascer o amor divino. (...)". É a Terceira Revelação. (OQE, vol. 3º, p. 86.) (Grifo do original.)

E pensar que tudo começou com os fenômenos de Hydesville, nos Estados Unidos, em 1848, e com as mesas girantes, em todo o mundo, por volta de 1850 – o chamado *período da curiosidade* –, no qual os Espíritos batedores desempenharam o papel principal para chamar a atenção e preparar os caminhos!

Depois veio o *período da observação*, ou *filosófico*, vivido por Kardec, em que o Espiritismo é aprofundado e se depura, tendendo à unidade de doutrina e constituindo-se em Ciência.

Em seguida, ainda segundo o Codificador, viriam o *período de admissão,* em que ele ocuparia uma posição oficial entre as crenças oficialmente reconhecidas, e o *período da influência sobre a ordem social,* no qual, a Humanidade, então sob a influência dessas ideias, entraria num novo caminho moral. Podemos dizer, hoje, que o primeiro já se cumpriu e o segundo está em fase de cumprimento cada vez mais amplificado.

"Zombaram das mesas girantes – advertiu o Espírito São Luís –; jamais zombarão da filosofia, da sabedoria e da caridade que brilham nas comunicações sérias. Elas foram o limiar da ciência; é nela que, entrando, devem ser deixados os preconceitos, como se deixa um casaco. Não posso senão vos estimular a fazer de vossas reuniões um centro sério. Que alhures façam demonstrações físicas, vejam, ouçam, mas que *entre vós haja compreensão e amor*. Que pensais ser aos olhos dos Espíritos superiores quando fazeis girar ou levantar uma mesa? Escolares. Passará o sábio seu tempo a recordar o á-bê-cê da Ciência? Ao passo que, vendo que investigais as comunicações sérias, considerar-vos-ão como homens em busca da verdade." (RE, III, p. 529/530.) (Itálicos do original.)

O profeta Joel, contemporâneo de Elias e Eliseu, nos oferece uma preliminar desse magno acontecimento com as seguintes palavras:

"E acontecerá depois que derramarei o meu Espírito sobre toda a carne; vossos filhos e vossas filhas profetizarão, vossos velhos sonharão, e vossos jovens terão visões; até sobre os servos e sobre as servas derramarei o meu Espírito naqueles dias". (2:28/9.)

Eis agora como o Divino Pastor o enunciou:

"Se me amais, guardareis os meus mandamentos. E eu rogarei ao Pai, e ele vos dará outro Consolador, a fim de que esteja para sempre convosco, o Espírito da Verdade, que o mundo não pode receber, porque não o vê, nem o conhece; vós o conheceis, porque ele habita convosco e estará em vós. Isto eu vos tenho dito, estando ainda convosco. Mas o Consolador, o Espírito Santo, a quem o Pai enviará em meu nome, esse vos ensinará todas as coisas e vos fará lembrar de tudo o que vos tenho dito. Mas eu vos digo a verdade: Convém-vos que eu vá, porque se eu não for, o Consolador não virá para vós outros; se, porém, eu for, eu vo-lo enviarei. Tenho ainda muito que vos dizer, mas vós não o podeis suportar agora; quando vier, porém, o Espírito da Verdade, ele vos guiará a toda a verdade, porque não falará por si mesmo, mas dirá tudo o que tiver ouvido, e vos anunciará as coisas que hão de vir. Ele me glorificará porque há de receber do que é meu, e vo-lo há de anunciar. Tudo quanto o Pai tem é meu; por isso é que vos disse que há de receber do que é meu e vo-lo há de anunciar". (João, síntese dos capítulos 14,15,16.)

Todo homem bem-formado, se isento de preconceito, ao tomar conhecimento das obras fundamentais da Terceira Revelação, há de encontrar em cada um de seus conceitos – com lágrimas nos olhos e profundo sentimento reverencial no coração – as digitais identificadoras e a presença luminar do Consolador prometido por Jesus.

***

Como se lê nos autores afeitos ao tema, paralelamente à grande obra realizada pelo Codificador, ocorreu em seu tempo outro fato de importância singular que merece ser recordado aqui.

Guilherme Miller foi um fazendeiro e pastor batista do Estado de Nova Iorque que se dedicou, no princípio do século XIX, ao estudo das profecias que diziam respeito à volta do Cristo a este mundo.

Leu Daniel, 8:13/4:

13. Depois ouvi um santo que falava; e disse outro santo àquele que falava: Até quando durará a visão do costumado sacrifício, e da transgressão assoladora, visão na qual era entregue o santuário e o exército, a fim de serem pisados?

14. Ele me disse: Até duas mil e trezentas tardes e manhãs; e o santuário será purificado.

Entendendo que cada tarde e manhã significa um ano e que o santuário a ser purificado era a Terra, concluiu que no final dos 2.300 anos o Cristo voltaria ao mundo e o purificaria com fogo. Para encontrar a data dessa volta, ele deveria apenas determinar quando é que teriam início os 2.300 anos.

Voltou às Escrituras e leu a profecia que o anjo Gabriel transmitira a Daniel, em 9:24/6:

24. Setenta semanas estão determinadas sobre o teu povo, e sobre a tua santa cidade para fazer cessar a transgressão, para dar fim aos pecados, para expiar a iniquidade, para trazer a justiça eterna, para selar a visão e a profecia, e para ungir o Santo dos Santos.

25. Sabe, e entende: desde a saída da ordem para restaurar e para edificar Jerusalém, até ao Ungido, ao Príncipe, sete semanas; e em sessenta e duas semanas as praças e as circunvalações se reedificarão, mas em tempos angustiosos.

26. Depois das sessenta e duas semanas será morto o Ungido, e já não estará; e o povo de um príncipe que há de vir, destruirá a cidade e o santuário, e o seu fim será num dilúvio, e até ao fim haverá guerra; desolações são determinadas.

Leu também Esdras, 7:8/26, e, cruzando essa passagem com outros dados históricos, deduziu que a ordem para restaurar Jerusalém foi emitida por Artaxerxes, rei da Pérsia, no ano de 457 a.C. Como, na sua interpretação, as setenta semanas (490 dias proféticos) correspondem a 490 anos literais, e que, segundo Daniel, o Ungido seria morto no final desse período, contou os 490 anos a partir de 457 a.C. e chegou ao ano 33 da Era Cristã, aproximadamente a época em que Jesus foi crucificado.

Entusiasmado com essa conclusão e vendo ainda que esse período de 490 anos era a parte inicial daqueles 2.300 anos da profecia anterior, deduziu que, se adicionasse ao ano 33 d.C. os 1.810 anos restantes (2.300 menos 490), chegaria à data em que o Cristo voltaria para purificar o santuário, isto é, a Terra. E chegou ao ano de 1843. Tomando por base o calendário judaico para determinar a data em que Artaxerxes baixara seu decreto, chegou à conclusão de que essa volta se daria em 21 de março de 1843.

Isto foi em 1818, após dois anos de perseverantes estudos. Faltavam, portanto, 25 anos para o grande acontecimento. Que fazer? Calar-se? Advertir os outros? Durante mais cinco anos revisou sua interpretação, para ter certeza de que estava correta. Submeteu-a a toda espécie de objeção, mas nada conseguiu demovê-lo de sua fé. Mais tarde declararia que opusera a si mesmo mais argumentos do que seus próprios oponentes. Mas uma voz inflamava sua alma, dizendo-lhe: "Vá, diga ao mundo!" Ele lutou com essa voz até 1831, quanto então ela se tornou irresistível e ele capitulou. Não era de forma nenhuma um homem temerário. Somente depois dessa data é que iniciou sua ardorosa cruzada.

O movimento millerita chegou a contar com três mil pregadores e propagou-se por várias nações. Estimam-se em cerca de 100 mil os crentes que aderiram ao movimento. À medida que o esperado dia se aproximava, um espírito de temor reverencial e exaltação ia tomando conta de todos: lavradores doavam suas lavouras, fazendeiros abandonavam suas ceifas, comerciantes fechavam as portas, mecânicos, suas oficinas, empregados deixavam seus trabalhos. As batatas apodreciam nos campos e as maçãs nas árvores.

Mas 21 de março passou e Jesus não apareceu. Os crentes sinceros ficaram perplexos e angustiados. Foram revisados os cálculos e descobriu-se o erro de um ano. Devia ser em 21 de março de 1844. A chama do entusiasmo se reacende. Mas nada aconteceu também nessa data. O movimento esmorecia. Os dirigentes esquadrinharam as Escrituras em busca de uma saída e, estudando a parábola das dez virgens, concluíram que haveria "um tempo de tardança". E remarcaram a data para 22 de outubro de 1844. O clamor da meia-noite – *"Aí vem o Esposo, saí-lhe ao encontro!"* – tornou-se a tônica do movimento. E o dia 22 chegou.

Era uma manhã radiosa. Com expectante ansiedade, os crentes reuniam-se, em grupos grandes ou pequenos, nas casas de culto, nos tabernáculos, nas igrejas, nos lares, nos cemitérios, em solene adoração ou jubiloso louvor, esperando a qualquer instante ouvir "a voz do arcanjo" e "a trombeta de Deus" anunciando a chegada do Messias para arrebatá-los ao paraíso.

Os amigos mais íntimos de Miller se reuniram com ele, atrás de sua residência, entre as árvores e pedras (essas pedras até hoje levam o nome de Rochas da Ascensão), e ficaram vigiando, o dia todo, mais ansiosos a cada minuto que passava. Mas o dia 22 passou, como passaram as datas anteriormente assinaladas, sem que Jesus desse sinal de sua presença. Foi a pá de cal no movimento millerita, o chamado "Grande Desapontamento".

O doce se tornara amargo. A chama vívida do entusiasmo se apagou. Não obstante a decepção e o aturdimento que dominaram a todos, estilhaçando o movimento, Miller ainda encontrou suficiente energia em sua fé para escrever:

"Tivesse eu de viver de novo a minha vida, com a mesma evidência que tive então de ser sincero para com Deus e o homem, eu teria de agir como agi. Mesmo desapontado, minha esperança na vinda de Cristo é tão firme como sempre. Fiz apenas aquilo que, depois de anos de solene consideração, compreendi ser meu dever sagrado fazer. Se errei, foi do lado da caridade, do amor para com os meus semelhantes e da convicção do dever para com Deus. Uma coisa sei: nada preguei em que não cresse, e Deus foi comigo; Seu poder se manifestou na obra, e muito benefício foi feito. Muitos milhares, segundo a aparência humana, foram levados a estudar as Escrituras pela pregação da profecia acerca do tempo; e por esse meio, mediante a fé e a aspersão do sangue de Cristo, foram reconciliados com Deus".

***

Que lições tirar do movimento millerita?

Primeiro: que a profecia, quando estudada em profundidade, com sinceridade e fé, pode revelar fatos maravilhosos àqueles que a buscam de todo o coração.

Segundo: que a profecia acontece para atender ao planejamento divino, e não à conveniência humana.

Terceiro: que, enquanto os seres humanos, em todo o mundo, com raras exceções, envolviam-se com o comprar e vender, comer e beber, casar-se e dar-se em casamento, este homem notável – Guilherme Miller – debruçou-se sobre as Sagradas Escrituras e logrou extrair de suas páginas luminosas um dos maiores eventos proféticos de todos os tempos da Humanidade. E acertou em cheio quanto ao advento de uma gloriosa luz espiritual e ao tempo de seu surgimento, equivocando-se, apenas, quanto à forma de sua manifestação.

Tal como o povo judeu de há dois mil anos, ele criara também um estereótipo para a chegada do Messias ao mundo, e aí se estabeleceu o equívoco fatal de ambos.

Os judeus esperavam um monarca poderoso, que submetesse os romanos a seu jugo e restabelecesse a hegemonia de Israel. E, certo dia, o que viram foi aquele carpinteiro humilde, montado em um jumentinho, entrar empoeirado na capital do reino...

Miller esperava um soberano justiceiro, que abrasasse a Terra e arrebatasse os seus eleitos. E o que apareceu de inusitado em seu tempo, em meados do século XIX? Aquelas mesas girantes e estalantes, que faziam o deleite do vulgo e a distração das elites, entediadas de tantas futilidades...

Nada mais contraproducente, portanto.

Em ambos os casos, porém, as grandes profecias messiânicas se cumpriram rigorosamente. Jesus era verdadeiramente o Messias prometido pelos profetas hebreus, e as mesas girantes foram as aves precursoras e anunciadoras da manifestação do Espírito de Verdade, aquele "outro Consolador" prometido por Jesus, que veio incendiar a Terra com a luz de Deus e "encher o mundo do conhecimento do Senhor, como as águas cobrem o mar". E ele consolidou sua presença entre os homens com a publicação de **O Livro dos Espíritos**, em 18 de abril de 1857, início de um corpo de doutrina que vem progressivamente envolvendo a Humanidade em sua radiosa e encantadora luz.

As mesas girantes foram para o Espiritismo o que o jumentinho foi para o Cristianismo. Se aos sentimentos mais elevados do ser humano não se imiscuíssem suas mais baixas paixões sectárias, há muito que os homens já teriam entendido a realidade desses acontecimentos divinos.

Ao fim da vida, velho e derreado, quase cego, abandonado pelos seguidores da primeira hora, paralisado e exaurido pelos esforços sobre-humanos, Miller cisma, à espera daquela ceifadora insaciável de vidas que, no dizer do poeta, devora o mundo inteiro e o mundo inteiro não lhe mata a fome.

Vivêssemos nesse tempo e levássemos ao alquebrado Miller **O Livro dos Espíritos**, publicado 13 anos após o "Grande Desapontamento", e lhe disséssemos: "Amigo, eis aqui a manifestação física de teu grande sonho, agora realizado. Desfruta, pois, dessa bênção sublime" – qual seria a sua reação? Será que ele diria: "Meu Deus! Que luz maravilhosa chega agora às minhas mãos!"?

Provavelmente, não. Aliás, nem pensar. *A natureza não dá saltos*. Primeiro é preciso arar, depois plantar, para depois colher. Os sonhos e quimeras que embalam os homens bem-intencionados, mas ainda imersos em consciência de sono, só se esgarçam com o perpassar das eras, porque Deus não violenta o livre-arbítrio de suas criaturas, e sua Lei é acima de tudo Lei de Misericórdia e de Paciência. Deus não tem pressa porque é eterno e sabe que transmitiu essa eternidade a todos os seus filhos em todos os pontos do Universo.

Mais uma vez, portanto, é a palavra do Cristo que dá o tom e traz o homem de volta à realidade: "Graças te dou, ó Pai, Senhor do céu e da terra, porque ocultaste estas coisas aos sábios e entendidos, e as revelaste aos pequeninos. Sim, ó Pai, porque assim foi do teu agrado".

É que Deus escreve certo por linhas tortas, mas o homem, ao que parece, lê torto por linhas retas. O que se há de fazer? Enquanto o homem martelar mais na tábua do que no prego, suas construções terão a solidez de uma pluma ao vento.

2ª Parte

Profecias que ainda não se cumpriram

O Anjo do Abismo

> *"Não tivessem aqueles dias sido abreviados, e ninguém seria salvo; mas por causa dos escolhidos tais dias serão abreviados."*
> Jesus (Mateus, 24:22.)

> *"Continue o injusto fazendo injustiça, continue o imundo ainda sendo imundo; o justo continue na prática da justiça, e o santo continue a santificar-se."*
> Jesus (Apoc. 22:11.)

O homem fez um artefato bélico
E o batizou de corta-margaridas (!):
Onde ele explode, vai talando vidas,
Do mineral quiçá ao reino angélico...

Se tal petardo estoura em campo aberto,
Até quinhentos metros do epicentro,
Tudo que existe, sobre a terra ou dentro
Da terra, ali, se extinguirá por certo.

Esse mortal engenho foi criado
Para matar aquele que estiver nas
Furnas do solo ou dentro das cavernas,
Donde não possa ser desalojado.

Matam-se os homens entre si? Pois bem:
O livre-arbítrio é livre até demais.
Mas se pergunta: e o germe, o edelvais,
O lobo, a águia, o mais, que culpa têm?

Que culpa tem no solo acolhedor
A sementinha feliz e cativa?
Caso, apesar do homem, sobreviva,
Virá doar-se, à mesa, ao matador.

Esse *homo belicus* tem seus pudores,
Pois possuindo a bomba nuclear,
Por seus "tratados", não a pode usar;
Vai detonando, então, a corta-flores...

Sejamos claro de uma vez por todas,
Visto que o tempo está se consumando:
O Cristo sempre esteve no comando
E chama os bons, depressa, agora às bodas.

Não percam tempo Seus fiéis na Terra
Jogando pérolas à criatura
Que já erigiu por lei a linha dura
E já elegeu por deus o deus da guerra.

Que o homem bom socorra o menos bom
E deixe o Huno guerrear em paz,
Pois para esse iluso ferrabrás
Um só remédio existe – Armagedon.

Por mais que ampla seja a imensa eclíptica
Desse autofágico *ego sum qui sum*,
E ele se ache um deus, um rei, um Midas,

Enquanto for a besta apocalíptica,
Esse homem mau não passará de um
Degolador de inermes margaridas.

Fonte de consulta: noticiário internacional dos anos 2001/2. O poema mescla dois tipos de bomba: a corta-margaridas (dayse cutter), que explodia a um metro do solo e talava tudo em torno, em um raio de até 500 metros, e a outra, que penetrava até 30 metros na rocha e explodia dentro da caverna.

O Surgimento do Anticristo

A partir deste capítulo, estaremos examinando em mais profundidade, e com um imenso sentimento de reverência e humildade no coração em face da enormidade da tarefa, algumas profecias constantes do último livro da Bíblia Sagrada, denominado Apocalipse.

Apocalipse é palavra de origem grega que significa *revelação* e que, segundo o primeiro versículo de seu primeiro capítulo, é de Jesus, recebida de Deus, e transmitida pelo anjo do Senhor a João, na Ilha de Patmos, tendo por objetivo revelar a Seus servos as coisas que em breve deveriam acontecer. Para muitos esse é um livro impenetrável. Mas se Jesus o denominou revelação e não mistério, é porque a essência libertadora de seu conteúdo divino seria liberada à medida que a Humanidade, através das eras, se fizesse disso merecedora.

No campo do Espiritismo, as Vozes do Céu têm inúmeras vezes mencionado as suas passagens de luz e encorajado os profitentes sérios da Doutrina a ampliar e aprofundar os seus estudos também nessa área de sabedoria espiritual. Penso resumir, nas seguintes palavras de Emmanuel, esse incentivo universal que nos desce nas elevadas esferas:

"Se o Apocalipse está repleto de símbolos profundos, isso não impede venhamos a examinar-lhe as expressões, compatíveis com o nosso entendimento, extraindo as lições suscetíveis de ampliar-nos o progresso espiritual". (PN, p. 195.)

Falemos agora sobre o Anticristo. Muito se tem escrito sobre essa figura enigmática, e quanto mais se escreve, mais o enigma se avoluma. João Evangelista diz que muitos Anticristos viriam, mas que o Anticristo final seria o maior e o pior de todos eles. Eles surgiriam no final dos tempos, que João chama de "a última hora", e o seu aparecimento seria um indicativo de que os tempos eram chegados. E qual seria sua principal característica? A negação de que Jesus foi o Cristo prometido, pois seu objetivo diabólico é se inculcar como o único e verdadeiro Messias esperado pelo povo judeu.

Ouçamos João: "Filhinhos, *já é a última hora;* e, como ouvistes que vem o Anticristo, também agora muitos Anticristos têm surgido, pelo que conhecemos que é a última hora. (...) Quem é mentiroso senão aquele que nega que Jesus é o Cristo? Este é o Anticristo, o que nega o Pai e o Filho". (I João, 2:18;22.)

Esse Anticristo tem tudo a ver com *o chifre pequeno* (Dan. 7:8), *o rei de feroz catadura* (Dan. 8:23), *o príncipe que há de vir* (Dan. 9:26), *o rei que fará segundo a sua própria vontade* (Dan. 11:36), *o homem da iniquidade, filho da perdição* (II Tes. 2:3) *e a besta que emerge do mar* (Apoc. 13). São vários enfoques proféticos da mesma entidade e do mesmo fato, cada um acrescentando novos detalhes dessa terrificante figura. Será um homem? Será uma nação? Será uma confederação de nações? Será uma entidade diabólica? Será uma falange planetária de espíritos satânicos? Parece ser tudo isso ao mesmo tempo.

"Podemos simbolizar como Anticristo – escreve Emmanuel – o conjunto das forças que operam contra o Evangelho, na Terra e nas esferas vizinhas do homem, mas não devemos figurar nesse Anticristo um poder absoluto e definitivo que pudesse neutralizar a ação de Jesus, porquanto, com tal suposição, negaríamos a previdência e a bondade infinitas de Deus." (OC, p. 171.)

Pedro informa que o caldo de cultura para o aparecimento do Anticristo será o deboche universal em relação às coisas mais sagradas, principalmente no que tange ao Cristo e à Sua doutrina:

"Tendo em conta, antes de tudo, que, *nos últimos dias*, virão escarnecedores com os seus escárnios, andando segundo as próprias paixões, e dizendo: Onde está a promessa da Sua vinda? (…)". (II Pedro, 3:3;4.)

Esse rei de feroz catadura, segundo Daniel, será detentor de um poder humano jamais igualado por qualquer homem ou nação em todos os tempos. Será um poder ateu, honrará a força das armas e promoverá destruições nunca imaginadas. *Agirá sob o comando de ferro de um deus invisível, desconhecido da Humanidade.* Não terá oponentes humanos à sua altura, fazendo recordar a pergunta que João Evangelista põe na boca da massa maravilhada, a respeito da Besta: "(…) e quem poderá pelejar contra ela?" (Apoc. 13:4.)

Quando terminar a obra que veio realizar no mundo, *será derrotado por uma intervenção divina*, lembrando, também, aqui, essa intervenção divina, aquela pedra, cortada sem auxílio de mãos humanas, que atingiu nos pés a gigantesca estátua do sonho do rei Nabucodonosor e a reduziu a pó (Dan. 2:34).

"Mas, no fim do seu reinado, quando os prevaricadores acabarem, levantar-se-á um rei de feroz catadura e entendido de intrigas. Grande é o seu poder, mas não por sua própria força; causará estupendas destruições, prosperará e fará o que lhe aprouver; (…). Por sua astúcia nos seus empreendimentos fará prosperar o engano, no seu coração se engrandecerá, e destruirá a muitos que vivem despreocupadamente; levantar-se-á contra o Príncipe dos príncipes, mas será quebrado *sem esforço de mãos humanas*. (…). Este rei fará segundo a sua vontade, e se levantará e se engrandecerá sobre todo deus; contra o Deus dos deuses fará coisas incríveis, e será próspero, até que se cumpra a indignação; porque aquilo que está determinado será feito. (…) Mas em lugar dos deuses honrará o deus das fortalezas; *a um deus que seus pais não conheceram* honrará com ouro, com prata, com pedras preciosas e coisas agradáveis. *Com o auxílio de um deus estranho agirá contra as poderosas fortalezas, e aos que o reconhecerem multiplicar-lhes-á a honra, fá-los-á reinar sobre muitos, e lhes repartirá a terra por prêmio. (...) mas chegará ao seu fim, e não haverá quem o socorra.*" (Dan. 8:23/5 – 11:36;38/9;45.)

Tudo isto ocorrerá durante aquele período conhecido como Dia do Senhor. Este é caracterizado por Paulo como sendo aquele Dia cósmico do Julgamento ou Juízo Final, cujo sentido emblemático perpassa todas as profecias escatológicas. Jesus o denomina de Grande Tribulação, o Apocalipse, de Armagedon, e, modernamente, de Terceira (e última) Guerra Mundial.

Esse Dia não chegará sem que seja precedido do aparecimento do Anticristo, o homem da iniquidade, o filho da perdição, que arregimentará em torno de si um movimento de massas de proporções inimagináveis. Seu ministério maquiavélico, devido ao inusitado de suas ações e à procedência oculta e satânica de seu poder, é denominado de *mistério da iniquidade*.

Essa vasta rede do mal atuará sob a injunção da *operação do erro*, visando à aglutinação de todos os espíritos, encarnados e desencarnados, que se posicionarão à esquerda do Cristo. Será a grande apostasia. Sua presença na Terra desestabilizará as nações e fará com que os povos se misturem como as vagas agitadas do oceano.

Esse Anticristo, que honrará o deus das fortalezas, sentar-se-á no santuário que por direito divino pertence a Deus (no sentido espiritual, os corações humanos, e no sentido literal, os templos religiosos desses povos) e exigirá ser adorado como se fosse o próprio Deus. É o *abominável da desolação* no lugar santo, profetizado por meio de Daniel e repetido por Jesus no Seu sermão profético.

Essa aglutinação de povos em torno do *homem do pecado* precederá a formação do rebanho único de Nosso Senhor, porque, consoante Sua parábola, o joio será ajuntado em feixes *primeiro*, para ser queimado; somente depois é que o trigo será recolhido nos Seus celeiros. (Mateus, 13:30.)

A *operação do erro* tem a finalidade de catalisar a seleção final, tal como foi anunciada pelo Cristo: "Continue o injusto fazendo injustiça, continue o imundo ainda sendo imundo; o justo continue na prática da justiça, e o santo continue a santificar-se". (Apoc. 22:11.) A divisão do mundo em dois blocos (trigo e joio) precederá a unificação de um só rebanho para um só Pastor.

Alerta o Apóstolo Paulo que o Dia do Senhor não chegará até que surja o Anticristo:

"Irmãos, no que diz respeito à vinda de Nosso Senhor Jesus Cristo e à nossa reunião com ele, nós vos exortamos a que não vos demovais da vossa mente, com facilidade, nem vos perturbeis, quer por espírito, quer por palavra, quer por epístola, como se procedesse de nós, supondo tenha chegado o dia do Senhor. Ninguém de nenhum modo vos engane, porque isto não acontecerá *sem que primeiro venha a apostasia, e seja revelado o homem da iniquidade, o filho da perdição*, o qual se opõe e se levanta contra tudo que se chama Deus, ou objeto de culto, a ponto de assentar-se no santuário de Deus, ostentando-se como se fosse o próprio Deus".

"Não vos recordais de que, ainda convosco, eu costumava dizer-vos estas coisas? E, agora, sabeis o que o detém, para que ele seja revelado somente em ocasião própria. Com efeito, o mistério da iniquidade já opera e aguarda somente que seja afastado aquele que agora o detém; então será de fato revelado o iníquo, a quem o Senhor Jesus matará com o sopro de sua boca, e o destruirá, pela manifestação de sua vinda. Ora, o aparecimento do iníquo é segundo a eficácia de Satanás, com todo poder, e sinais, e prodígios da mentira, e com todo engano de injustiça aos que perecem, porque não acolheram o amor da verdade para serem salvos; é por este motivo, pois, que Deus lhes manda a operação do erro, para darem crédito à mentira, a fim de serem julgados todos quantos não deram crédito à verdade; antes, pelo contrário, deleitaram-se com a injustiça". (II Tes. 2:1/12.)

A profecia identifica de forma impressionante o Anticristo, dizendo que "o aparecimento do iníquo *é segundo a eficácia de Satanás*, com todo poder, e sinais, e prodígios da mentira, e com todo engano de injustiça aos que perecem". Essa característica o torna muito mais poderoso que os grandes destruidores das duas guerras mundiais anteriores, no que tange à execução do mal, pois seu potencial devastador será multiplicado de forma extraordinária. Isto porque agirá sob o fascínio, a possessão, o tacão de ferro do dragão (designação coletiva sob a qual se identificam falanges espirituais profundamente vinculadas ao mal).

O dragão, segundo a profecia, será solto das regiões inferiores do planeta, após um milênio de reclusão. De acordo com algumas interpretações – que tomam *literalmente* a significação desse um milênio e são aqui apresentadas apenas para efeito de argumentação –, ele foi ali preso na trevosa Idade Média, a "triste noite dos mil anos", a fim de que a Humanidade pudesse desencharcar-se de seu veneno letal. Sua ausência permitiu, assim, um desafogo temporário, que teve por consequência, alguns séculos depois, a Renascença na Europa, com irradiação sobre todos os povos, como se o mundo desse um suspiro de alívio e um brado de libertação.

Foi preso "para que não mais enganasse as nações", pois tornava a vida na Terra quase insuportável; mas, depois disso, "é necessário que seja solto pouco tempo". (Apoc. 20:3.) Quando, porém, se completarem os mil anos – diz o Apocalipse –, Satanás será solto da sua prisão, e sairá a seduzir as nações que há nos quatro cantos da terra, Gogue e Magogue, a fim de reuni-los para a peleja. O número desses é como a areia do mar. Marcharam então pela superfície da terra e sitiaram o acampamento dos santos e a cidade querida; *desceu, porém, fogo do céu e os consumiu* (20:7/9).

Entenda-se por prisão de Satanás no Abismo (feita pelo anjo que tinha na mão uma corrente – Apoc. 20:1) não o seu literal *acorrentamento* naquela esfera. A linguagem apocalíptica é naturalmente simbólica. Trata-se de seu confinamento em um meio em que, pelas condições primitivas ambientes, permanecesse poderosamente limitado em suas ações.

"Em baixo, nos graus subfísicos, *o ser está aprisionado por limites ainda mais angustiosos do que o são o tempo e o espaço que subjugam vossa matéria;* no alto, nos graus superpsíquicos, não somente caem as barreiras de espaço e de tempo, como já se dá com o vosso pensamento, mas desaparecem, também, os limites conceptuais que hoje circunscrevem a vossa faculdade intelectiva." (AGS, p. 101.)

Para facilitar a definição de alguns caracteres e sua identificação nesta cadeia profética, podemos singularizar em Satanás a mentalidade máxima do mal nas regiões invisíveis deste planeta (e se opõe ao Cristo), no dragão os executores de sua vontade nos planos espirituais próximos à crosta terrestre (e se opõe aos anjos ou espíritos de luz) e no Anticristo a sua representação no plano físico (e se opõe às forças encarnadas do bem).

O Anticristo terá, portanto, sobre si o *Anjo do Abismo*, cujo nome em hebraico é *Abadom*, e em grego, *Apoliom*, que significa: *o Exterminador.* (Apoc. 9:11.) Seu caráter é predominantemente possessivo e atormentador, como o tormento causado pela ferroada de escorpiões. Seus componentes são liberados do abismo com a ordem de visarem somente aos homens não praticantes dos mandamentos divinos: "(…) e foi-lhes dito que não causassem dano à erva da terra nem a qualquer coisa verde, nem a árvore alguma, e tão somente aos homens que *não têm o selo de Deus* sobre as suas frontes" (Apoc. 9:4). Eles atormentarão os homens e estes se entredestruirão.

Acerca desse tormento ou obsessão coletiva mortal, que se abaterá sobre dois terços da Humanidade na véspera do Armagedon (vide Zac. 13:8), é oportuno recordar aquela passagem do Evangelho na qual Jesus afirma que quando o espírito imundo sai do homem, anda por lugares áridos procurando repouso, porém não encontra. Por isso diz: Voltarei para minha casa donde saí. E, tendo voltado, a encontra vazia, varrida e ornamentada (ou seja, num estado ainda mais deplorável do que aquele em a deixou, pois do ponto de vista do espírito maligno, uma casa varrida e ornamentada é uma casa atraente e propícia à morada do obsessor). Então vai, e leva consigo outros sete espíritos, piores do que ele, e, entrando, habitam ali; e o último estado daquele homem torna-se pior do que o primeiro. *Assim também* – diz Jesus – *acontecerá a esta geração perversa.* (Mateus, 12:43/5.)

Três pontos há a destacar aqui:

Primeiro: que o estado daquele homem ficará, em tese, oito vezes pior do que já estava, com a presença do obsessor antigo e dos outros sete espíritos mais malignos do que ele, que levará consigo.

Segundo: que – de acordo com Jesus –, *o mesmo acontecerá a esta geração perversa*, ou seja, com a Humanidade, quando chegasse a hora da seleção final, porque a visão universal do Cristo era para os tempos futuros, não se restringindo àquele reduzido grupo de judeus.

Terceiro: assombra, hoje, as movimentações multitudinárias em várias partes do mundo, principalmente no Oriente Médio, quando se trata de lamentar seus mortos em conflitos ou de atender a imperantes apelos de guerra. Nessas ocasiões de desespero e inconformação, milhares de pessoas agem como se fossem um cardume, revelando com sua atitude desvairada a cinta espiritual de aço que as cega, constringe e arrebata, conduzindo-as a fins profundamente infelizes, na contramão daquela doce recomendação do Divino Amigo, de que orássemos e vigiássemos para não cairmos em tentação. É bem um prelúdio do que virá mais adiante e que estará *acima e além de qualquer controle de origem humana*.

Recordemos Bittencourt Sampaio:

"Que falange! que vespeiro envolve a pobre humanidade, nesta hora (…)".

"(…) A atmosfera da Terra se acha dominada por Espíritos dessa ordem [maus]. Por isso, a filtração da Luz para vós outros, que vos fizestes soldados da Cruz, é difícil e mais difícil ainda se tornará, porque sem ser profeta, eu vos afirmo que *assistis apenas ao prelúdio de acontecimentos terríveis, mas necessários à preparação do reinado do Consolador*".

"O turbilhão envolve a humanidade. É bem a separação dos bodes e das ovelhas o que se processa. Os discípulos do Cristo devem viver em silêncio e em prece, porque sobre suas cabeças pairam as legiões do mal, prontas a atender aos chamamentos dos corações humanos. Assim, aqueles que quiserem servir ao Cristo e à sua obra precisam imunizar-se contra a lepra das paixões que degradam as criaturas humanas, levando-as à categoria das feras".

"Nunca foram tão necessárias a vigilância e a oração para os que quiserem viver uma vida plácida, apegados à sua crença em espírito e verdade, dentro do torvelinho dessas lutas pavorosas, mas indispensáveis para a salvação da humanidade".

"Dito isto, não preciso acrescentar nenhuma advertência para que vos mantenhais coesos em torno do Evangelho de Jesus, fraternos no exercício da vossa tarefa e atentos, sobretudo muito atentos às vossas relações com o mundo profano". (NOI, p. 41 e 44.)

Mar (ou muitas águas) significa, na profecia, povos, multidões, nações e línguas. (Apoc. 17:15.) Ventos simbolizam tumultos, revoluções, grandes movimentos envolvendo multidões. Quando Daniel, por exemplo, em uma de suas visões proféticas, viu imensa e incontrolável agitação de massas nacionais no final dos tempos, representadas por quatro grandes e diferentes animais, assim a descreve no preâmbulo de sua narrativa: "Eu estava olhando, durante a minha visão da noite, e eis que *os quatro ventos do céu agitavam o Grande Mar*" (7:2).

Esse entendimento lança profusa luz sobre a seguinte passagem do Apocalipse, que complementa aquela dos homens que não têm o selo de Deus em suas testas, vista ainda há pouco:

"Depois disto *vi quatro anjos em pé nos quatro cantos da terra, conservando seguros os quatro ventos da terra*, para que nenhum vento soprasse sobre a terra, nem sobre o mar, nem sobre árvore alguma. Vi outro anjo que subia do nascente do sol, *tendo o selo do Deus vivo*, e clamou em grande voz aos quatro anjos, àqueles aos quais fora dado fazer dano à terra e ao mar, dizendo: Não danifiqueis nem a terra, nem o mar, nem as árvores, *até selarmos em suas frontes os servos do nosso Deus*". (Apoc. 7:1/3.)

A mensagem é muito clara: se os Espíritos condutores dos povos, por ordem do Senhor, não atuassem sobre as massas e seus governos nos momentos mais graves de desentendimento entre as nações, há muito a voracidade guerreira dos homens já teria eliminado a vida humana de sobre a face do planeta.

A predição diz que os quatro anjos "conservam seguros" (outras traduções, talvez mais apropriadamente, dizem: "retêm") os quatro ventos. **Reter**, diz o *Aurélio*, é ter ou manter firme; não deixar escapar da mão; segurar com firmeza. É exatamente o caso. Para usar uma linguagem bem humana, diríamos que os anjos se veem "em apuros" para conseguir conter esse ímpeto belicoso, como alguém que sofreasse a custo árdegos garanhões selvagens, atrelados a uma carroça, por meio do controle de grossas e estiradas rédeas.

Essa atuação controladora, porém, tem uma finalidade precípua: manter a temperatura nacional e internacional num permanente crescendo, qual se fora um cadinho purificador, para o *decruamento* das almas e, considerando-as coletivamente, sua progressiva bifurcação seletiva em cabritos e ovelhas.

É o que informa o profeta Daniel, com estas palavras: "Muitos dos que dormem no pó da terra [condição dos espíritos encarnados] ressuscitarão [ou seja, despertarão, ressurgirão], uns para a vida eterna [condição dos bons], e outros para vergonha e horror eterno [condição dos que serão exilados]" (12:2). Tudo isto num "tempo de angústia, qual nunca houve, desde que houve nação até aquele tempo; mas naquele tempo será salvo o teu povo, todo aquele que for achado inscrito no livro" (12:1).

Preferirão, os maus, dar ouvidos ao mestre das Trevas a se colocarem a serviço da Luz, conforme adverte contundentemente o Apóstolo Paulo:

"Sabe, porém, isto: Nos últimos dias sobrevirão tempos difíceis; pois os homens serão egoístas, avarentos, jactanciosos, arrogantes, blasfemadores, desobedientes aos pais, ingratos, irreverentes, desafeiçoados, implacáveis, caluniadores, sem domínio de si, cruéis, inimigos do bem, traidores, atrevidos, enfatuados, antes amigos dos prazeres que amigos de Deus, tendo forma de piedade, negando-lhe, entretanto, o poder. Foge também destes". (II Tim. 3:1/5.) "Pois haverá tempo em que não suportarão a sã doutrina; pelo contrário, cercar-se-ão de mestres, segundo as suas próprias cobiças, *como que sentindo coceira nos ouvidos;* e se recusarão a dar ouvidos à verdade, entregando-se às fábulas". (II Tim. 4:3/4.)

E o mais impressionante de tudo é que, segundo esta conexão de profecias, esse Anticristo final, quando chegar, arregimentará em torno de seus propósitos satânicos um movimento de massas correspondente a dois terços da Humanidade, e será adorado por todos os que habitam sobre a Terra, aqueles cujos nomes, desde a fundação do mundo, não foram escritos no livro do Cordeiro de Deus. (Apoc. 13:8.)

A esse aglomerado humano, que desprezou a sublime oportunidade de redimir-se sob o lábaro alvíssimo do Evangelho – e que, portanto, será alijado para mundos inferiores onde obterá novas oportunidades de redenção –, é que o Cristo dirige estas palavras proféticas:

"Eu [o Cristo] vim em nome de meu Pai e vós não me recebeis; *se outro [o Anticristo] vier em seu próprio nome, certamente o recebereis*". (João, 5:43.)

E receberão mesmo.

Nota 4: *Leia-se, a respeito deste capítulo, para ilustração, o excelente artigo "O Médium do Anticristo", de Hermínio C. Miranda, desdobrado em duas partes e publicado em Reformador de março e abril de 1976, em que o autor analisa o caráter enigmático de Adolf Hitler e suas relações mediúnicas com os poderes das trevas. Ou digite-se no Google: médium anticristo. (Acesso em agosto de 2012.)*

Nota 5: *Visto que Satanás será libertado do abismo para seduzir todas as nações, leia-se, também, para conhecer as esferas inferiores e superiores que compõem o planeta Terra, o livro de minha autoria, publicado pela FEB,* **As Sete Esferas da Terra.**

O Brasil e o Novo Êxodo

Pátria Sagrada

"Nos últimos dias, Deus corrigirá muitas nações. Elas converterão suas espadas em relhas de arado e suas lanças em podadeiras. E nunca mais aprenderão a guerra."
(Isaías, 11:2/4.)

Tanto te amo, Brasil, nem sei o quanto...
Só sei que és puro amor aos olhos meus;
Ao contemplar teu mapa vem-me o pranto,
Por ver um coração nos traços teus.

És neste mundo o ninho augusto e santo
De um Povo de milhões de cireneus,
Que sofre e luta e luta e sofre tanto,
Mas se transforma em luz nas mãos de Deus!

E ante a fúria marcial que assola a Terra,
Sei que fazes também armas de guerra,
Nas indústrias da morte, tão hostis.

Mas creio em Deus, na Sua profecia,
De que serás, no derradeiro dia,
Desarmada Nação – Nação feliz!

O Brasil e o Novo Êxodo

Segundo as profecias de Jesus, feitas pessoalmente ou transmitidas por meio de Seus prepostos, entre a segunda e a terceira guerras mundiais (esta, é óbvio, ainda futura) haveria um clima de crescente hostilidade entre as nações. Esse clima de beligerância aberta mas refreada, feito de golpes e contragolpes alternativos, sempre sob o protesto de visarem à justiça e à paz, ganharia tal amplitude que os povos, em profundo desarvoro, deixariam de esperar soluções humanas para o conflito generalizado e descreriam de seus próprios governos. Estaria decretada a falência das religiões sectárias, que, por sua ascendência espiritual dentro do imenso espectro das atividades terrenas, teriam, por obrigação moral, por meio de uma doutrinação íntegra e um exemplo vivificante, de obstar a tal estado de descaminho e insegurança reinantes. As amarras se desatariam e as fronteiras se liquefariam. As ovelhas estariam soltas e sem pastor, aptas, por fim, a atenderem ao sexto sentido que sempre as arregimentou e guiou nos momentos mais graves da História da Humanidade. E essa intuição coletiva faria com que buscassem algum lugar na Terra onde pudessem desfrutar da segurança de que tanto necessitavam.

Ouçamos atentamente o que dizem os profetas Jeremias e Ezequiel, relembrando, porém, que *as profecias se repetem ciclicamente,* primeiro realizando-se no âmbito regional, e depois, nas eras subsequentes, ampliando-se progressivamente até abarcar todo o planeta. Hoje, na era da globalização, vivemos a fase planetária do cumprimento desses divinos vaticínios.

Recordemo-nos também, como ensina Emmanuel, de que "em todos os textos das profecias, *Israel deve ser considerado como o símbolo de toda a Humanidade terrestre,* sob a égide sacrossanta do Cristo". (OC, p. 158.) Israel, portanto, hoje, à luz das profecias, já não significa mais um grupamento nacional como outrora, mas, sim, um imenso povo – um terço da Humanidade –, proveniente de todas as raças e nações, que optou por inscrever em sua mente e viver em seu coração os sublimes postulados de Cristo-Jesus (é o embrião do rebanho único, ainda na pré-fase de um mundo de regeneração).

Nas profecias que se seguem, notar-se-á que o Senhor, primeiro, repreenderá com dureza os falsos pastores (não só religiosos, mas também os líderes nas altas esferas da política, da filosofia, da ciência etc.), que têm, ao longo dos séculos, explorado avidamente Suas ovelhas, sem jamais atentarem para o bem-estar delas.

Em seguida, Ele próprio, o Senhor, "desiludido" com os pérfidos pegureiros, congregará diretamente Suas ovelhas de todas as nações, assentando-as numa terra espaçosa que Ele denominará *simbolicamente* de Israel. A partir desse novo hábitat, facultará a esse imenso rebanho todas as condições para que se regenere e se integre no espírito divino, até que se torne o Seu povo, e o Senhor se torne o seu Deus.

Eis o panorama apocalíptico debuxado em seus lineamentos básicos pelos dois inspirados vates:

"Veio a mim a palavra do Senhor, dizendo: Filho do homem, profetiza contra os pastores de Israel; profetiza, e dize-lhes: Assim diz o Senhor Deus: Ai dos pastores de Israel que se apascentam a si mesmos! Não apascentarão os pastores as ovelhas? Comeis a gordura, vestis-vos da lã e degolais o cevado, mas não apascentais as ovelhas. A fraca não fortalecestes, a doente não curastes, a quebrada não ligastes, a desgarrada não tornastes a trazer e a perdida não buscastes; mas dominais sobre elas com rigor e dureza. Assim *se espalharam,* por não haver pastor, e se tornaram pasto para todas as feras do campo. As minhas ovelhas andam desgarradas por todos os montes, e por todo elevado outeiro; as minhas ovelhas andam espalhadas por toda a terra, sem haver quem as procure, ou quem as busque".

"Portanto, ó pastores, ouvi a palavra do Senhor: Tão certo como eu vivo, diz o Senhor Deus, visto que as minhas ovelhas foram entregues à rapina, e se tornaram pasto para todas as feras do campo, por não haver pastor, e que os meus pastores não procuram as minhas ovelhas, pois se apascentam a si mesmos, e não apascentam as minhas ovelhas; – portanto, ó pastores, ouvi a palavra do Senhor: Assim diz o Senhor Deus: Eis que eu estou contra os pastores, *e deles demandarei as minhas ovelhas;* porei termo no seu pastoreio, e não se apascentarão mais a si mesmos; livrarei as minhas ovelhas da sua boca, para que já não lhes sirvam de pasto".

"Porque assim diz o Senhor Deus: Eis que eu mesmo procurarei as minhas ovelhas, e as buscarei. Como o pastor busca o seu rebanho, no dia em que encontra ovelhas dispersas, assim buscarei as minhas ovelhas; livrá-las-ei de todos os lugares para onde foram espalhadas **no dia de nuvens e de escuridão.** *Tirá-las-ei dos povos, e as congregarei dos diversos países e as introduzirei na sua terra;* apascentá-las-ei nos montes de Israel, junto às correntes, e em todos os lugares habitados da terra. Apascentá-las-ei de bons pastos, e nos altos montes de Israel será a sua pastagem; deitar-se-ão ali em boa pastagem, e terão pastos pingues nos montes de Israel".

"Eu mesmo apascentarei as minhas ovelhas, e as farei repousar, diz o Senhor Deus. A perdida buscarei, a desgarrada tornarei a trazer, a quebrada ligarei e a enferma fortalecerei; mas a gorda e a forte destruirei; apascentá-las-ei com justiça. Quanto a vós outras, ó ovelhas minhas, assim diz o Senhor Deus: Eis que julgarei entre ovelhas e ovelhas, entre carneiros e bodes. (...)

Vós, pois, ó ovelhas minhas, ovelhas do meu pasto, *homens sois,* mas eu sou o vosso Deus, diz o Senhor Deus". (Ezequiel, 34:1/17;31.)

"Eis que eu os congregarei [os filhos de Israel] de todas as terras, para onde os lancei na minha ira, no meu furor e na minha grande indignação; tornarei a trazê-los a este lugar, e farei que nele habitem seguramente. Eles serão o meu povo, e eu serei o seu Deus. Dar-lhes-ei um só coração e um só caminho, para que me temam todos os dias, para seu bem e bem de seus filhos".

"Farei com eles aliança eterna, segundo a qual não deixarei de lhes fazer o bem; e porei o meu temor no seu coração, para que nunca se apartem de mim. Alegrar-me-ei por causa deles, e lhes farei bem; plantá-los-ei firmemente nesta terra, de todo o meu coração e de toda a minha alma. Porque assim diz o Senhor: Assim como fiz vir sobre este povo todo este grande mal, assim lhes trarei todo o bem que lhes estou prometendo". (Jeremias, 32:37/42.)

"Eu mesmo recolherei o restante das minhas ovelhas, de todas as terras para onde as tiver afugentado, e as farei voltar aos seus apriscos; serão fecundas, e se multiplicarão". (Jeremias, 23:3.)

"Não temas, servo meu, Jacó, diz o Senhor, porque estou contigo; darei cabo de todas as nações para as quais eu te arrojei; mas de ti não darei cabo; castigar-te-ei, mas em justa medida, não te inocentarei de todo". (Jeremias, 46:28.)

"Tomar-vos-ei de entre as nações, e vos congregarei de todos os países, e vos trarei para a vossa terra. Então aspergirei água pura sobre vós, e ficareis purificados; de todas as vossas imundícias e de todos os vossos ídolos vos purificarei. Dar-vos-ei coração novo, e porei dentro em vós espírito novo; tirarei de vós o coração de pedra e vos darei coração de carne. Porei dentro em vós o meu Espírito, e farei que andeis nos meus estatutos, guardeis os meus juízos e os observeis. Habitareis na terra que eu dei a vossos pais; vós sereis o meu povo, e eu serei o vosso Deus". (Ezequiel, 36:24/8.)

Revelam as profecias que essa convergência de um terço da Humanidade, na época pós-armagedônica, se dará em direção da América do Sul e, principalmente, do Brasil, país capacitado a abrigar, pela extensão de seu território e riqueza de seu solo, uma população de aproximadamente um bilhão de habitantes. O restante desse um terço se espalhará pela América do Sul, da qual o Brasil será apenas o país-capitânia no cumprimento dessa radiosa missão.

Não nos esqueçamos também da missão histórica do Brasil no concerto dos povos, revelada por nobres mentores espirituais de nosso tempo, os quais lhe deram a poética definição de Coração do Mundo e Pátria do Evangelho. Para esse grande país da América do Sul foi transplantada a Árvore da Boa

Nova do Cristo (BCMPE, p. 23/4), transformando-o, em virtude desse fato, no centro irradiador do novo Israel a que se referem as profecias.

Eis como Isaías registra esse magno acontecimento, a respeito do futuro glorioso da moderna Sião, revelando, inclusive, a infinita riqueza moral e espiritual que desfrutará sob o abençoado pálio e o suave comando da doutrina do Consolador:

"Alarga o espaço da tua tenda; estenda-se o toldo da tua habitação, não o impeças; alonga as tuas cordas e firma bem as tuas estacas. Porque transbordarás para a direita e para a esquerda; a tua posteridade possuirá as nações e fará que se povoem as cidades assoladas. (...) Eis que eu assentarei as tuas pedras com argamassa colorida, e te fundarei sobre safiras. Farei os teus baluartes de rubis, as tuas portas de carbúnculos, e toda a tua muralha de pedras preciosas. *Todos os teus filhos serão ensinados por Deus:* e será grande a paz de teus filhos. Serás estabelecida em justiça longe da opressão, porque já não temerás, e também do espanto, porque não chegará a ti. (...) **Toda arma forjada contra ti, não prosperará;** toda língua que ousar contra ti em juízo, tu a condenarás; esta é a herança dos servos do Senhor, e o seu direito que se mim procede, diz o Senhor".(54:2/3;11/4;17.)

Toda arma forjada contra ti, não prosperará... Esta belíssima profecia do Velho Testamento da Bíblia Sagrada nos faz recordar aquela outra, proferida por Jesus e registrada por Humberto de Campos, a respeito do futuro glorioso do Brasil: "As potências imperialistas da Terra esbarrarão sempre nas suas claridades divinas e nas suas ciclópicas realizações". (BCMPE, p. 32/3.)

O admirável escritor e filósofo italiano Pietro Ubaldi teve a presciência perfeita desse fato em seu livro **Profecias** (Fundápu, 2ª edição), escrito em São Vicente, no Brasil, em 1955. É tão extraordinária a previsão, que pedimos vênia para apresentar aqui ao leitor um compacto do capítulo "A função histórica do Brasil no mundo":

"(...) A civilização emigrou do Egito para a Grécia, da Grécia para Roma, de Roma para a Europa e da Europa para as Américas. A raça anglo-saxã criou a civilização do dólar nos Estados Unidos. Por que a raça latina, herdeira de Roma, não poderia criar a civilização do Evangelho no Brasil?" (p. 210.)

"Qual é a função histórica do Brasil no mundo, especialmente em relação à esperada nova civilização do Terceiro Milênio? *Evidentemente, não é uma hipótese, mas um fato positivo, que o Hemisfério Norte é um armazém de bombas atômicas, e é evidente que não são elas construídas por pura curiosidade científica. Os Estados Unidos e a Rússia estão armando-se cada vez mais, e naturalmente não é para abraçar-se".* (201/2.)

"(…) Ora, a primeira grande riqueza e potência do Brasil é de estar em outro hemisfério, longe de tudo isso. (…)". (p. 202.)

"(…) Que os Estados Unidos e a Rússia preguem a paz, eles que se estão armando cada vez mais, é coisa que não tem sentido, senão o de querer desarmar o próprio antagonista e captar o favor das massas, esfaimadas de tranquilidade. Um verdadeiro sentido de pacifismo não pode vir do Hemisfério Norte, mas apenas desta grande terra da América do Sul. A função histórica do Brasil no mundo só pode ser, portanto, neste nosso tempo, uma função de paz. (…)". (p. 203.)

"Ora, o Brasil, como no-lo indicam as condições de fato, personifica essa função biológica ou missão de pacifismo no mundo. Quem é verdadeiramente honesto, não vai a cada passo apregoando que é honesto. Os não honestos é que procuram esconder seu rosto verdadeiro e defender-se. Assim, o povo verdadeiramente pacífico e pacifista é o que menos se faz paladino oficial de pacifismo, o que faz menos campanhas publicitárias com esse escopo. E o Brasil é assim. Pacifista até o âmago, é-o naturalmente e não precisa fazê-lo muito, porque o é. (…)". (p. 204.)

"(…) Deixemos aos povos do Hemisfério Norte outras funções a executar no organismo social do mundo. Deixemos à Ásia a função metafísica, à Europa as funções cerebrais do mundo, à Rússia a função revolucionária e destruidora, à América do Norte a função econômica da riqueza, e assim por diante, e reconheçamos que a função histórica do Brasil é bondade, tolerância, amor". (p. 207.)

"Tudo o que diz respeito ao Brasil, parece feito sob medida, de propósito para torná-lo apto a essa função. Trata-se, sobretudo, de amar, ou seja, se abrir os braços, evangelicamente. São tantas as ideologias propagadas no mundo… Por que deve parecer tão absurda a de um Evangelho verdadeiramente vivido? Abrir os braços ao mundo! E pode acontecer que o mundo, amanhã, **com a infernal destruição que hoje se está preparando,** *tenha inadiável necessidade de um refúgio, em que achar paz, de uma terra em que não viva o ódio ou o interesse, mas o amor*".

"Quem sabe se a luta entre as ideologias armadas de bombas atômicas, não se resolva num desastre tão grande no Hemisfério Norte, que os povos *devam fugir de lá em massa*, especialmente da Europa que está mais ameaçada? E quem sabe se esse impulso *não exercite uma pressão desesperada sobre as portas do Brasil*, tão forte que as faça ceder, e opere uma imigração em massa de milhões de europeus? Assim se preencheria rapidamente o Brasil, de frutos mais carregados de dinamismo e de inteligência, produto da milenária elaboração da velha civilização europeia, que já viveu tantas experiências, para que funcione como semente que se transplante para um terreno virgem para fecundá-lo".

"Tudo isto está na linha das maiores probabilidades. E então, a função do Brasil seria não só receber e abraçar, mas, com seus princípios de liberdade, de hospitalidade e bondade, de amalgamar todas as raças, como já está fazendo, assimilando-as em sua nova terra. Os povos novos se fazem com a fusão, não com o racismo, e a fusão se faz com amor". (p. 209.)

"Há também uma razão de caráter moral e, para a História, têm poder, outrossim, as forças desse tipo, mesmo se a política não as leve em conta. E esta razão pode ter maior valor hoje, porque esta é a hora do juízo, a hora apocalíptica, em que será liquidado um velho mundo indigno, para que nasça outro melhor. Ora, a América do Sul é inocente de vítimas de guerra e a raça latina é inocente da criação e do uso da bomba atômica. *Esta inocência, diante da justiça de Deus, imanente nas leis da vida,* **forma uma base e um direito de ser salvo.** Tudo, pois, parece concordar para uma missão do Brasil no mundo, que o faça, em grande parte, herdeiro especialmente da civilização latina". (p. 210.)

"(…) Assim como cada corpo humano precisa, não apenas do ventre para digerir, da inteligência para dirigir-se, dos braços para trabalhar e defender-se, mas também do coração para amar e proteger; como cada família necessita não só do pai, que luta, ganha e ordena, mas também do amor da mãe, que gera, e cria no amor; assim da mesma forma a humanidade necessita de povos que representem, em seu grande organismo, esta nobre função da bondade e do amor, da proteção e da conservação. Na Humanidade são necessários os povos, como o Brasil, encarregados da função da coesão e unificação. (…)". (p. 213/4.)

"(…) O tipo biológico do Brasil é levado mais à religião espontânea, numa expansão livre, de amor e de fé, do que a uma religião já rigidamente codificada, em que o pensamento e sentimento permaneçam enregelados nas formas. (…)". (p. 217.)

"(…) Este é um povo religioso por excelência. É esse seu tipo biológico. Não importa que as religiões e as formas sejam muitas. Encontram-se no Brasil quase todas as religiões do mundo, vivendo juntas na mesma terra. Na Europa pode dizer-se que há apenas uma religião, tão afins são as duas dominantes, catolicismo e protestantismo, ambas cristãs. Entretanto, não há muita disposição espontânea à espiritualidade, e o biótipo místico não domina em absoluto. (…)". (p. 217.)

"(…) É provável que o mundo se ache, brevemente, com uma necessidade tão premente de paz e de bondade, *que se valorizem de modo extraordinário os poucos lugares em que seja possível encontrá-las.* E o Brasil poderá ser o primeiro entre estes. **É provável que os conflitos do Hemisfério Norte terminem com grandes destruições**, após as quais a vida terá imperiosa necessidade, para sua reconstituição, de paz, amor, compreensão e colaboração, e de um lugar tranquilo onde possa repousar e recomeçar sobre essas bases. A carência crescente desses elementos e a progressiva elevação da procura, os valorizará cada vez mais, tornando-os buscados e preciosos".

"A humanidade, traída pela força e pela riqueza, nas quais unicamente acreditou, enregelada por um egoísmo do qual só terá recebido deslocação, procurará, para não morrer, um sentimento de bondade em que possa viver com mais calor, e que termine de uma vez com as lutas. Eis a grande função histórica do Brasil, *se este souber preparar-se desde já;* eis sua missão, *se ele quiser desempenhá-la amanhã,* pois que a História está pronta para confiar-lha". (p. 224.)

Eis aonde queríamos chegar. E para que fique bem claro o pensamento profético que permeia esses conceitos, repetimos aqui o parágrafo que abre este tópico:

Segundo as profecias de Jesus, feitas pessoalmente ou transmitidas por meio de Seus prepostos, entre a segunda e a terceira guerras mundiais (esta, é óbvio, ainda futura) haveria um clima de crescente hostilidade entre as nações. Esse clima de beligerância aberta mas refreada, feito de golpes e contragolpes alternativos, sempre sob o protesto de visarem à justiça e à paz, ganharia tal amplitude que os povos, em profundo desarvoro, deixariam de esperar soluções humanas para o conflito generalizado e descreriam de seus próprios governos. Estaria decretada a falência das religiões sectárias, que, por sua ascendência espiritual dentro do imenso espectro das atividades terrenas, teriam, por obrigação moral, por meio de uma doutrinação íntegra e um exemplo vivificante, de obstar a tal estado de descaminho e insegurança reinantes. As amarras se desatariam e as fronteiras se liquefariam. As ovelhas estariam soltas e sem pastor, aptas, por fim, a atenderem ao sexto sentido que sempre as arregimentou e guiou nos momentos mais graves da História da Humanidade. E essa intuição coletiva faria com que buscassem algum lugar na Terra onde pudessem desfrutar da segurança de que tanto necessitavam.

Num sentido físico, a América do Sul parece ser o *terreno neutro* insculpido na Terceira Revelação, onde terão sua gênese a confraternização entre os povos e a unidade entre as religiões. A iniciativa dessa convergência multinacional de âmbito mundial partirá das massas, tangidas pela força mesma das coisas (*a condução oculta do Senhor,* de que falam os vaticínios), em face da conflagração mundial perpetrada pelos governos das nações mais poderosas em permanente beligerância.

As cúpulas, religiosas e políticas, em face de seu exclusivismo, terão perdido toda ascendência sobre os povos, ou sobre aquele um terço da Humanidade que formará, na carne, as primícias do Rebanho Único, e que *será o sobrevivente do maior conflito de que o mundo terá notícia em todos os tempos.* A América do Sul e o seu coração, o Brasil, pelo seu relativo e natural clima de paz, poderão ser o polo aglutinador desse novo êxodo internacional.

Num sentido espiritual, o Espiritismo pode ser igualmente o *terreno neutro* onde se darão as mãos os integrantes dessa convergência planetária, pela racionalidade, clarividência e universalidade de sua Doutrina – coroamento do Cristianismo do Cristo, segundo o princípio que lhe permeia toda a urdidura: "Fora da caridade não há salvação". Segundo a definição excepcional do Codificador – condensada aqui de uma expressão mais ampla –, *o Espiritismo é o Cristianismo apropriado ao desenvolvimento da inteligência.* (IAK, p. 207.)

De forma surpreendente e inesperada (para os leigos), esse modelo e guia estabelecido pela Doutrina *poderá* transformar-se no maior movimento unificador da História, nessa hora apocalíptica que se avizinha. Para Kardec, pelo fato de não empregar sinais exteriores de qualquer culto, **o Espiritismo chama a si os homens de todas as crenças, para uni-los sob a bandeira da caridade e da fraternidade,** habituando-os a se olharem como irmãos, seja qual for a sua maneira de adorar a Deus. (VE, p. 137.)

Edward Lyndoe, ilustre astrólogo inglês, fez em 1938 a seguinte previsão:

"*A América Latina* será chamada a aceitar graves responsabilidades e a contribuir com alguns dos fatores vitais para a situação de todo o mundo de amanhã. (...) O mundo será atraído para a órbita de uma personalidade estupenda, que, tenho a convicção, já está preparada nos bastidores, à espera de uma *deixa* das estrelas (não deveis sorrir indulgentemente, pois só podeis curvar a cabeça diante de um *homem sagrado)* e que surgirá no cenário deste mundo, para cumprir seu brilhante destino: *a restauração da unidade e da harmonia na vida do Homem".*

"Não me julgueis inclinado a predições esotéricas. Nunca me interessei por vaticínios que não tivessem fundamentos rigorosamente objetivos; *mas esta profecia de um dirigente do mundo é de tal ordem* que, ao fazê-la, posso apenas afirmar o que sei, e como vós, esperar suas manifestações específicas. Só de uma coisa tenho certeza: é que nisso está implícito **todo o moderno espírito da América Latina,** certamente mais do que o de qualquer outra parte do mundo". (AFP, p. 185/6.)

Se substituirmos a expressão "homem sagrado" por "doutrina sagrada" (como o fez Kardec em relação ao Consolador, interpretando que ele seria uma doutrina e não uma individualidade – AG, p. 387), teremos nessa extraordinária antevisão de Lyndoe a contextualização perfeita da missão do Espiritismo no alvorecer deste novo milênio, a partir das florescentes plagas da América do Sul.

Note-se também esta coincidência espantosa: Lyndoe fez sua previsão sobre a América Latina em 1938, o mesmo ano em que veio à luz o livro de Humberto de Campos sobre a grande missão evangélico-unificadora do Brasil no concerto das nações.

Moral, espiritual e evangelicamente o Brasil poderá estar no comando dessa magna arregimentação, graças à delegação revelada pela Doutrina e recebida dos Planos Superiores, sem interesses paroquiais nem surtos de hegemonia, sejam de ordem religiosa, filosófica, científica ou política, porque a égide suprema é de Nosso Senhor Jesus Cristo. Poderes imensos se conjugarão para obstar à Palavra Divina e à concretização de Seus sublimes desideratos.

Torna-se, portanto, relevante fazer aqui a seguinte interrogação:

– Quais as nações que estarão irmanadas com o Brasil e que com ele colaborarão nessa difícil transição, e quais as que hoje se dizem amigas, mas, parecendo cordeiro por fora, falam, por dentro, como dragão?

As nações sul-americanas se constituirão no braço direito da Pátria do Cruzeiro naquela hora gravíssima. Mas e os Estados Unidos da América do Norte? Qual a sua sorte, o seu destino, o seu futuro? E a Rússia, a Inglaterra, a França, a Itália, a Alemanha e os grandes países dos outros continentes? Tudo isto a profecia e seus lúcidos profitentes dizem com sinais inequívocos de identificação, como veremos mais adiante.

Seria, portanto, muito importante, nessa hora difícil por que passa o mundo, que os dirigentes das nações, e principalmente do Brasil, atentassem para as profecias, evitando assim inúmeros percalços no intrincado comércio de interesses internacionais que movimenta o mundo. Mas esperar isto dos governantes dos povos é hoje quase impensável, e esta não é a finalidade deste trabalho. Porque todos os objetivos divinos serão alcançados, mesmo à revelia do conhecimento ou da concordância do espírito humano, o qual é constrangido a evoluir pela força dos fatos, tendo por meta o seu próprio aperfeiçoamento. Já dizia Augusto Comte que "o Homem se agita e a Humanidade o conduz". Mas quem conduz a Humanidade, senão o próprio Deus?

E como Deus conduzirá um terço da Humanidade para a América do Sul (deduzidos, naturalmente, os que já vivem nessa região)?

O *modus operandi* desse *comando oculto do Cristo sobre os acontecimentos humanos* pode ser ilustrado aqui pelos três seguintes exemplos, dois extraídos dos registros de fatos ocorridos durante duas guerras anteriores, e o terceiro da história espiritual do Brasil (sendo os dois últimos mediúnicos).

Registra a crônica de guerra que, a partir de 1939, os exércitos de Hitler invadiram quase toda a Europa. Desde o Ártico aos Pireneus, as nações caíram como castelos de cartas, submetidas pelo seu tacão de ferro. Só a Grã-Bretanha se susteve de pé, interposta entre o sonho de Hitler e sua realização.

Urgia, pois, a invasão incontinenti da Inglaterra, se o *führer* quisesse ganhar a guerra. E o dia da almejada invasão – 16 de setembro de 1940 – foi marcado, exatamente porque o mar estaria calmo e haveria maré ideal para a empresa. Era essa a época em que alguns arrojados nadadores cruzavam o canal, na expectativa de um título e da fama. Em tal data a lua cheia favoreceria a invasão. Porém, sucedeu o oposto da previsão alemã. Naquele ano houve fortes tormentas que se prolongaram desde o dia 17 até 30 de setembro. E os navios invasores tiveram que refugiar-se nos portos e enseadas, onde foram atormentados pela Força Aérea Britânica.

Então o *führer* transferiu a invasão para novembro ou dezembro, a fim de aproveitar os nevoeiros desses meses. Todavia, pela primeira vez na história, não houve nevoeiro nas zonas escolhidas naquele inverno.

A próxima data escolhida foi 15 de fevereiro do ano seguinte. Mas, no dia 14, apresentou-se um maremoto no Atlântico que causou altas marés nas costas da Europa. E a dispersa frota alemã mais uma vez foi obrigada a refugiar-se nos portos e novamente foi fustigada por aviões britânicos.

Foi então que Hitler cometeu o seu maior erro da guerra – a invasão da Rússia. Teve ele a mesma sorte que Napoleão, embora indizivelmente muito mais armado do que esse grande gênio, visto que ambos tiveram que enfrentar o general Inverno. Com a entrada dos Estados Unidos no conflito, começou o colapso da Alemanha, e o sonho de Hitler de domínio da Europa e do mundo desmoronou. A Alemanha ficou alquebrada, ocupada pelos aliados vencedores, e seu líder foi jazer no pó da terra vencida. (THPD, p. 145/6.)

Vamos ao segundo exemplo:

A Batalha de Solferino, ocorrida na Itália, em 21 de junho de 1859, foi um combate decisivo resultante da invasão do Piemonte-Sardenha pelos austríacos. Foi vencida pelas tropas franco-italianas. Lutaram cerca de 100 mil soldados da Áustria contra 118.600 franco-piemonteses.

Um oficial do exército da Itália, morto na batalha de Magenta ocorrida pouco antes da de Solferino, deu as seguintes respostas a Kardec, em comunicação na Sociedade Espírita de Paris, em 1º de julho de 1859:

12. Uma tempestade violenta desabou no fim da batalha de Solferino. Foi por uma circunstância fortuita ou por um desígnio providencial?

Resp. – *Toda circunstância fortuita resulta da vontade de Deus.*

13. Essa tempestade tinha um objetivo? Qual seria?

Resp. – Sim, por certo: *fazer cessar o combate.*

14. Foi provocada no interesse de uma das partes beligerantes? Qual?

Resp. – Sim; sobretudo para os nossos inimigos.

14a. Por que isso? Poderíeis explicar mais claramente?

Resp. – Perguntais-me por quê? Acaso ignorais que, *sem essa tempestade,* nossa artilharia *não teria deixado escapar um só austríaco?* (RE, Ano II, 1859, p. 364.)

Tormentas, tempestades, calmarias, nevoeiros, maremotos, invernos rigorosos... Quanto disso é natural e quanto é provocado por causas ainda ignoradas pelo homem? No Evangelho, Jesus *suscitou e amainou uma tempestade*, a fim de aquilatar o grau de fé conquistado por seus discípulos. E quanto à atuação dos Espíritos, aos milhares, sobre os fenômenos da Natureza? Para maior domínio do assunto, sugerimos ao leitor o estudo das questões 536 a 540 de **O Livro dos Espíritos.**

O terceiro exemplo é uma preciosa – mas sutil – lição registrada por Humberto de Campos no livro **Brasil, Coração do Mundo, Pátria do Evangelho**, de como se processa, agora em âmbito nacional, esse comando invisível sobre os negócios humanos.

Quando Ismael pergunta ao Senhor se Ele não teria um meio direto de orientar a política dominante da Terra de Santa Cruz no que concernia à escravidão, no sentido de se purificar o seu ambiente moral, Jesus dá a seguinte resposta:

– "Não nos compete cercear os atos e intenções dos nossos semelhantes e sim cuidar intensamente de nós mesmos, considerando que cada um será justiçado na pauta de suas próprias obras. (...) Entretanto, o tempo é o grande mestre de todos os povos, e, se não nos é possível cercear o arbítrio livre das almas, *poderemos mudar o curso dos acontecimentos,* (...)". (p. 52/3.)

Mudar o curso dos acontecimentos! Isto significa, em boa leitura, canalizar a Humanidade, como se canaliza um curso d'água, para aquela meta objetivada pelo Planejamento Divino. E assim os grandes eventos de âmbito nacional ou internacional vão se desdobrando de forma aparentemente natural, para que o homem – ainda inesperto para as realidades divinas – não se sinta melindrado em sua tão apreciada liberdade.

Dessa forma, aquela parcela da Humanidade, antissectária e confraternista, que se credenciou à atenção divina, graças aos bons sentimentos cultivados naturalmente no coração, será acuada pelos grandes e conflitivos acontecimentos mundiais e induzida a procurar refúgio – mas sem o saber objetivamente – numa região em cujo centro se localiza a Pátria do Evangelho e o Coração do Mundo e onde a espera amorosamente as luzes libertadoras do Consolador.

Da interferência superior sobre os acontecimentos gerais à sua influência sobre os seres humanos, individualmente considerados, não dista mais que um passo. Estão aí para o comprovar – para ficarmos apenas no âmbito do Cristianismo – os exemplos frisantes de Paulo, Constantino e Kardec:

– Paulo de Tarso, feroz perseguidor dos cristãos, foi convocado por Jesus às portas de Damasco, em sublime visão, para libertar o Cristianismo dos arraiais judaicos e expandi-lo para o mundo conhecido de sua época. O fogoso rabino aceitou o extraordinário desafio, e essa notável conversão, poderosamente real e eficaz, alterou radicalmente o desenrolar da História.

– Constantino, imperador romano, batalhou contra Maxêncio próximo a Roma e o venceu, em 312, graças à visão que teve de uma luz no céu em forma de cruz contendo a inscrição *in hoc signo vinces* ("com este sinal vencerás"). Converteu-se ao Cristianismo e, em uma nova virada da História, transformou a religião cristã, de fé vivenciada por uma minoria perseguida, em religião oficial do Império Romano, facilitando-lhe a vitória.

– Allan Kardec, sábio e educador francês do século XIX, graças às qualidades superiores que lhe exornavam o caráter, bem como ao sério interesse que demonstrou pelas comunicações espirituais produzidas em seu tempo, foi escolhido pelo Espírito Verdade, secundado por milhares de outros Espíritos de luz, para sistematizar e apresentar ao mundo a Doutrina Espírita. Essa Doutrina, solidamente constituída e erigida sob o tríplice aspecto de Ciência, Filosofia e Religião, vem, desde então, iluminando a consciência humana e a preparando para o advento social do verdadeiro Cristianismo, o do Cristo, agora restaurado e revivificado pelo Consolador.

Tais fatos demonstram de forma cristalina e incontestável a intervenção de um poder superior nas atividades humanas, individuais ou coletivas, com o objetivo de estabelecer, através das épocas, novas diretrizes para a História da Humanidade.

Mas, voltando às profecias, outro fator concorre para que nem todas elas sejam reveladas *a priori* e indiscriminadamente: o cego é mais facilmente conduzido que o semicego. Este, ao entrever o que lhe parece obstáculo, se desvia, contrariando seu condutor, ao passo que o cego se deixa levar cegamente. É a sorte dos inconscientes. E uma nação nada mais é do que o homem multiplicado por milhões de homens. Além disso, ensina a mensagem luminosa da Terceira Revelação que só são dignos da Verdade plena os que estiverem plenamente libertos de suas paixões.

Neste contexto histórico, sobressai de forma extraordinária o vulto da Federação Espírita Brasileira. Nunca será suficientemente enfatizada a proeminência de sua missão no Brasil e no mundo, como Instituição sucessora ou continuadora do ministério de Allan Kardec em sua Obra monumental, e a expressão mais genuína e completa do Espiritismo nos tempos atuais, tanto no que concerne à Doutrina quanto ao Movimento Espírita em geral.

O assunto já foi substancialmente explanado por Humberto de Campos, na obra citada, e por Zêus Wantuil e Francisco Thiesen em sua extensa e definitiva biografia do Codificador (AK, *passim*). Ismael, como revelado naquela obra, é o Guia da Pátria do Evangelho e da Casa-Máter do Espiritismo no Brasil.

Entre os evocativos apontamentos que o escritor espiritual registra, encontram-se os seguintes, de sublime memória, quando Jesus se dirige a um de seus mais devotados servidores, impregnando sua voz de tocante doçura e levantando suavemente o véu do futuro.

Primeiro, a respeito do Brasil:

– "Ismael, manda o meu coração que doravante sejas o zelador dos patrimônios imortais que constituem a Terra do Cruzeiro. Recebe-a nos teus braços de trabalhador devotado da minha seara, como a recebi no coração, obedecendo a sagradas inspirações do Nosso Pai. Reúne as incansáveis falanges do Infinito, que cooperam nos ideais sacrossantos de minha doutrina, e inicia, desde já, a construção da pátria do meu ensinamento. Para aí transplantei a árvore da minha misericórdia e espero que a cultives com a tua abnegação e com o teu sublimado heroísmo. *Ela será a doce paisagem dilatada do Tiberíades,* que os homens aniquilaram na sua voracidade de carnificina. Guarda este símbolo da paz e inscreve na sua imaculada pureza o lema da tua coragem e do teu propósito de bem servir à causa de Deus e, sobretudo, lembra-te sempre de que estarei contigo no cumprimento dos teus deveres, com os quais abrirás para a humanidade dos séculos futuros um caminho novo, mediante a sagrada revivescência do Cristianismo".

E, mais tarde, a respeito da Casa de Ismael:

– "Ismael – disse-lhe o Senhor – concentraremos agora todos os nossos esforços a fim de que se unifiquem os meus discípulos encarnados, para a organização da obra impessoal e comum que iniciaste na Terra. Na pátria dos meus ensinamentos, *o Espiritismo será o Cristianismo revivido na sua primitiva pureza*, e faz-se mister coordenar todos os elementos da causa generosa da Verdade e da Luz, para os triunfos do Evangelho. Procurarás, entre todas as agremiações da doutrina, *aquela que possa reunir no seu seio todos os agrupamentos;* colocarás aí a tua célula, a fim de que todas as mentalidades postas na direção dos trabalhos evangélicos estejam afinadas pelo diapasão da tua serenidade e do teu devotamento à minha seara. E como as atividades humanas constituem, em todos os tempos, um oceano de inquietudes, a caridade pura deverá ser a âncora da tua obra, ligada para sempre ao fundo dos corações, no mar imenso das instabilidades humanas. *A caridade valerá mais que todas as ciências e filosofias, no transcurso das eras*, e será com ela que conseguirás consolidar a tua Casa e a tua obra".

A tais palavras de inexcedível estímulo, só resta acrescentar estas outras, conclusivas, de Humberto de Campos:

"Dentro, pois, do Brasil, a grande obra de Ismael tem a sua função relevante no organismo social da Pátria do Cruzeiro, vivificando a seara da educação espiritual. E não tenhamos dúvida. *Superior às funções dos transitórios organismos políticos*, é essa obra abençoada, de educação genuinamente cristã, o ascendente da nação do Evangelho *e o elemento que preparará o seu povo para os tempos do porvir*". (BCMPE, p. 36/7, 220/1 e 231.)

Tal a sagrada predestinação da FEB, a que todo espírita sincero deve dar a mão, consciente de sua responsabilidade participativa na consolidação desse venerando Monumento à Fraternidade Universal, que Francisco Cândido Xavier, com sua profunda visão espiritual das coisas humanas, considerou *comparável a um Estado da Espiritualidade na Terra*. (TCX, p. 400.)

O Rebanho Único

Guerra e Paz

Quando, porém, ouvirdes falar de guerras e rumores de guerras, não vos assusteis; é necessário assim acontecer, mas ainda não é o fim."
Jesus (Marcos, 13:7.)

A guerra é um suicídio coletivo
Gerado pela ignorância crassa
Da Lei Divina, pois se o homem passa,
O seu Espírito prossegue ativo.

Tudo é motivo para a guerra: a raça,
Política e fé... tudo é motivo,
E a Humanidade, como câncer vivo,
Se entredevora e se destrói em massa.

Um dia, o ser humano, genuflexo,
Compreenderá, sem devaneios bobos,
Que não é só estômago e sexo.

E envergonhado, enfim, dos erros seus,
Há de banir da Terra a paz dos lobos,
Há de buscar no Cristo a Paz de Deus!

O Rebanho Único

Ao longo da História, infelizmente, muitos fundadores de religião avocariam a si o culto devido unicamente ao Senhor da Vida, formando rebanhos para ordenha própria e se arvorando em seus exclusivos pastores. Iludidos Prometeus, julgariam haver furtado aos deuses a chama total da Verdade, quando esta lhes era concedida, parcialmente e a título precário, por acréscimo de misericórdia divina.

O verdadeiro Pastor das Almas, porém, houve por bem tachar de ladrões e salteadores (João, 10:8) os que O precederam na marcha (e também, certamente, os que viriam depois, quando se deram ao desrespeito de personalizar *pro domo sua* a mensagem divina). E declarou que um dia todos esses rebanhos de aglutinação meramente humana se dissolveriam para dar lugar a um rebanho só, do qual Ele foi, é e sempre será o Único Pastor.

Sua palavra agora, por meio do profeta, é contundente contra os falsos pegureiros:

"Uivai, pastores, e clamai; revolvei-vos na cinza, vós, donos dos rebanhos, porque já se cumpriram os vossos dias de matardes e dispersardes, e vós mesmos caireis como jarros preciosos. Não haverá refúgio para os pastores, nem salvamento para os donos dos rebanhos. Eis o grito dos pastores, o uivo dos donos dos rebanhos! *porque o Senhor está destruindo o pasto deles*". (Jeremias, 25:34/6.)

Isto porque não basta o homem se autoproclamar pastor de ovelhas ou até mesmo seguidor de Jesus, uma vez que não é o discípulo que escolhe o Mestre, mas é o Mestre que escolhe o discípulo, como ensinou o Cristo: "*Não fostes vós que me escolhestes a mim; pelo contrário, eu vos escolhi a vós outros*, e vos designei para que vades e deis frutos, e o vosso fruto permaneça; (…)". (João, 15:16.)

Ser pastor de rebanho ou discípulo de Jesus, nos moldes em que o estabelece a palavra divina, não é esse festival de marqueteiros matreiros que se vê na mídia – principalmente na *mise-en-scène* das chamadas religiões eletrônicas –, pelo qual essa *sagrada condição* se tem manifestado perante o mundo. O que se vê ali é a cupidez mais deslavada e muitas vezes a soberba sectária travestida de fé. Como registrou Kardec: "(…) Mentem os egoístas e os orgulhosos, quando se dizem reunidos em nome de Jesus, porque Jesus não os conhece por seus discípulos". (IAK, p. 276.)

O autêntico aspirante a discípulo há que trabalhar duramente sobre si mesmo, ao longo da espinhosa senda, negar-se genuinamente e tomar a própria cruz, até que sua atitude, sobrepondo-se à amorfia da massa, frutifique e desperte o interesse divino, que, então, o convidará para o vestibular do discipulado.

A pedra de toque do verdadeiro líder religioso é a vivência plena daquele parâmetro estabelecido por Francisco de Assis, em seu tríplice aspecto: *obediência* às Leis Divinas, *desapego* dos bens materiais e *castidade* possível por pensamentos, palavras e atos em sua vida cotidiana. Faltando um desses aspectos, o líder ainda não lidera nem a si mesmo, mas é liderado por suas próprias paixões. O mesmo em relação ao profitente de qualquer religião.

Eis a extraordinária previsão de um só rebanho para um só Pastor feita pelo próprio Cristo:

"Ainda tenho muitas ovelhas, não deste aprisco; a mim me convém conduzi-las; elas ouvirão a minha voz; então *haverá um rebanho e um pastor"*. (João, 10:16.) Isto, depois de afirmar, revelando que Suas ovelhas viriam de todos os rebanhos, no dia em que ouvissem Sua voz pelos condutos internos do coração: "Digo-vos que muitos virão do Oriente e do Ocidente e tomarão lugares à mesa com Abraão, Isaque e Jacó no reino dos céus". (Mateus, 8:11.)

Haverá, um dia, um só rebanho para um só Pastor?

Sem sombra de dúvida que sim. É o que diz a Palavra Divina. Mas esse rebanho só será formado *depois que o joio for joeirado, atado e queimado,* conforme a parábola do Senhor. Por outras palavras: quando os maus forem excluídos deste mundo (visto que serão encoivarados primeiro), o remanescente formará os rudimentos desse rebanho único, porque será estabelecido como matriz sobre a qual descerão em catadupas, reencarnando, falanges redimidas do Infinito, iniciando uma nova era de regeneração para a Humanidade. É a descida da Nova Jerusalém Celestial. (Apoc. 21:2.)

Percebe-se, assim, que o rebanho único do Senhor não é, em princípio, a totalidade do rebanho católico, nem do protestante, nem do espírita, nem do umbandista, nem do judeu, nem do muçulmano, nem do hinduísta, nem do bramanista, nem do xintoísta, nem de qualquer rebanho isoladamente que exista hoje no mundo, visto que em todos eles há, amalgamadas, boas e más ovelhas.

O rebanho do Cristo será formado pelas *boas ovelhas de cada rebanho,* que oportunamente deles se apartarão e, tangidas pelos acontecimentos apocalípticos, vindas do Norte e do Sul, do Oriente e do Ocidente, se unificarão num só rebanho para um só Pastor – conforme a tese de Jesus vista acima.

Mas é forçoso reconhecer – sem quebra da equidistância perante todos os rebanhos que permeia este estudo nem demérito para qualquer um deles – que, falando sob o ponto de vista doutrinário, a Doutrina Espírita, pelo antissectarismo que informa seus postulados, é a que mais se aproxima do modelo ideal para a unificação das ovelhas de Jesus.

Prossigamos:

"(...) Um grande batismo de dor é necessário, a fim de que a humanidade recupere o equilíbrio, livremente violado: grande mal, condição de um bem maior. Depois disso, a humanidade, purificada, mais leve, *mais selecionada por haver perdido seus piores elementos,* reunir-se-á em torno dos desconhecidos que hoje sofrem e semeiam em silêncio; e retomará, renovada, o caminho da ascensão. (...)". (GM, p. 23.)

"(...) *Quando o homem violento tiver fim, a destruição for desfeita e o opressor deixar a terra,* então um trono se firmará em benignidade, e sobre ele no tabernáculo de Davi se assentará com fidelidade um que julgue, busque o juízo e não tarde em fazer justiça". (Isaías, 15:4/5.)

Ainda em Levítico, 26:3/13, encontramos esta promessa com sabor profundamente evangélico:

"Se andardes nos meus estatutos, guardardes os meus mandamentos, e os cumprirdes, então eu vos darei as vossas chuvas a seu tempo; e a terra dará a sua messe, e a árvore do campo o seu fruto. A debulha se estenderá até à vindima, e a vindima até à sementeira; comereis o vosso pão a fartar, e habitareis seguros na vossa terra. Estabelecerei paz na terra; deitar-vos-eis, e não haverá quem vos espante: farei cessar os animais nocivos da terra, e pela vossa terra não passará espada".

"(...) Para vós outros olharei, e vos farei fecundos e vos multiplicarei, e confirmarei a minha aliança convosco. Comereis o velho da colheita anterior, e, para dar lugar ao novo, tirareis fora o velho. Porei o meu tabernáculo no meio de vós, e a minha alma não vos aborrecerá. Andarei entre vós, e serei o vosso Deus, e vós sereis o meu povo. Eu sou o Senhor vosso Deus, que vos tirei da terra do Egito, para que não fôsseis seus escravos; quebrei os timões do vosso jugo, e vos fiz andar eretos".

E quando o Senhor fala dessa Terra Prometida aos justos, com serenidade nos lares e pão farto na mesa, Ele não está naturalmente falando apenas de coisas materiais. Lembremo-nos da profunda conclusão a que chegara o velho Gamaliel, na solidão de Palmira, onde o futuro Apóstolo dos Gentios, antes de começar sua missão, foi procurá-lo para beber de sua infinita sabedoria: "(...) Nas minhas reflexões solitárias, cheguei à conclusão de que *a Terra Prometida pelas divinas revelações é o Evangelho do Cristo Jesus.* (...)". (PE, p. 238.)

Aos homens compete, portanto, apenas se iluminar e esclarecer, até que possam, por fim, compreender toda a majestade do Grande Planejamento Divino. Porque a Verdade, esteja ou não o ser humano consciente de sua existência, é como a semente da parábola, que germina e cresce sem que o homem saiba como. (Marcos, 4:27.)

Analisando demoradamente a profecia de *um só rebanho para um só Pastor,* Kardec diz que, por essas palavras, Jesus claramente anuncia que os homens um dia *se unirão por uma crença única*. Reconhece a dificuldade dessa união, devido ao antagonismo que elas alimentam entre si, mas entende que a unidade se fará em religião como já tende a se fazer em outros campos da atividade humana. Esclarece ainda que, a fim de chegarem à unidade, as religiões terão de se encontrar num *terreno neutro*, comum a todas, fazendo cada uma concessões e sacrifícios mais ou menos importantes.

A unidade se fará – continua – pela queda das barreiras que separam os povos, pela assimilação dos costumes, dos usos, da linguagem. Ela se fará *pela força das coisas*, porque *há de tornar-se uma necessidade*, para que se estreitem os laços da fraternidade entre as nações; far-se-á *pelo desenvolvimento da razão humana*, que se tornará apta a compreender a puerilidade de todas as dissidências etc. (AG, p. 382/3.)

De fato. Kardec, aprofundando a profecia do Cristo, de que um dia haveria um só rebanho para um só Pastor, diz que o Divino Mestre claramente anuncia, por essas palavras, *que os homens se unirão, no futuro, por uma crença única*. Ora, a Doutrina Espírita *tem suas raízes fincadas em todas as crenças* (AG, p. 388), tornando-se, assim, religiosa, filosófica e cientificamente – graças a esse ascendente moral único e aglutinador – o programa ideal e o instrumento insubstituível nos dias atuais para a realização daquele divino desiderato. O Espiritismo é um *terreno neutro* – estabelece o Codificador –, sobre o qual todas as opiniões religiosas podem encontrar-se e se dar as mãos. (VE, p. 138.)

Ele mesmo o dirá em outra passagem:

"(…) Pelo seu poder moralizador, por suas tendências progressistas, pela amplitude de suas vistas, pela generalidade das questões que abrange, *o Espiritismo é mais apto, do que qualquer outra doutrina, a secundar o movimento de regeneração;* por isso, é ele contemporâneo desse movimento. Surgiu na hora em que podia ser de utilidade, visto que *também para ele* os tempos são chegados. (…)". (AG, p. 417.)

Poder moralizador, tendências progressistas, amplitude de vistas, abrangência de questões... eis aqui o tabernáculo sem fronteiras dentro do qual poderá se aninhar, num entrelaçamento perene de almas e corações, o rebanho único do Senhor! E Kardec fala prudentemente em apenas *secundar* o movimento de regeneração. Nós, em nossa imprudente ânsia de luz, gostaríamos que o verbo empregado fosse *conduzir...* Mas o certo é que, secundando ou conduzindo, a Terceira Revelação marcha garbosamente à frente da regeneração humana, cumprindo fielmente o papel que lhe foi destinado pelas profecias.

A nossa rogativa ao Cristo e o desejo mais sincero de nosso coração é que os homens bem-intencionados que laboram no seio desse movimento planetário e renovador chamado Espiritismo procurem conhecer o planejamento divino a respeito da unificação de um só rebanho para um só Pastor, a fim de cooperarem com o desenvolvimento natural de sua realização neste mundo. Seria uma contribuição humana muito valiosa à Obra do Senhor e todos os que dela participarem certamente receberão a cento por um em bênçãos do Divino Mestre.

Voltaremos mais adiante à profecia do rebanho único.

O novo Céu e a nova Terra

Ai dos Habitantes da Terra!

> "Na verdade, as nações se enfureceram; chegou, porém, a Tua ira,
> e o tempo determinado para (...) destruíres os que destroem a terra."
> (Ap. 11:18.)

> "Dia da ira! Ah, aquele (horrível) dia!..."
> Tomás de Celano

> "Porque guardaste a palavra da minha perseverança, também
> Eu te guardarei da hora da provação que há de vir sobre o mundo
> inteiro, para experimentar os que habitam sobre a Terra."
> Jesus (Ap. 3:10.)

"Dia da Ira! Ó Dia de agonias!
Dia antevisto em recuados dias!
A Lua em sangue... o Sol a escurecer...
Quem poderá, em ti, sobreviver?"

"Quem poderá... se, sobre a Terra exangue,
A massa humana, em reação circular
De fome e dor, sorve a lama do mangue
E esgalha as mãos descarnadas no ar?"

"Alto, o grand monde, entre banquetes pingues,
Ri-se do ululo hostil das multidões...
Ah! estranho e louco mundo de lemingues,
A se abismar em terríveis bulcões!"

"Pompa e miséria... ante surtos de abrolhos!
Lixo e esplendor... entre o gozo e o penar!
Torrentes d'água brotam de meus olhos...
Meu rosto está vermelho de chorar!"

Disse o profeta. E sua voz tonante,
Era após Era, do poente ao levante,
Brada e rebrada ante cerradas portas,
Qual se bradasse a criaturas mortas...
....

Ó poderosos, por que sois tão maus?
A vossa língua urde somente o caos!
Embora amanteigada, ódio contém:
Amais, assim, o mal antes que o bem...

Falais de paz mas trazeis n'alma a guerra
E armais ciladas aos mansos da Terra;
No fim dos tempos amontoastes ouro,
O deus Mamon foi vosso deus-tesouro.

Por serdes maus, sois como o mar que brama
E de si lança vasa, lodo e lama;
Irai-vos, pois, e sereis esmagados...
Forjai projetos, que serão frustrados!

Entrai na rocha e escondei-vos no pó,
Cobri o corpo de cinzas, qual Jó,
E ante o esplendor das falanges celestes,
Rasgai os corações... e não as vestes!
....

Se não vigia Deus a cidadela,
Em vão vigia, ali, a sentinela;
Assim também obra o edificador:
Seu construir é vão sem o Senhor.

Por ser loucura a palavra da cruz
Aos que se esgueiram pela contraluz,
As coisas loucas quis Deus escolher
Para humilhar os que não querem crer;

A fim também de envergonhar as fortes,
Alçou as fracas, de singelos portes,
E as desprezadas, sim, e as que não são,
Para mostrar que são nada as que são!
....

Vai alta a noite e vem raiando o dia,
A Luz de Deus aos bons já se anuncia...
Erguei vossas cabeças, fronte acima,
Pois vossa redenção já se aproxima!

Acreditai em Deus – jorrai a fé! –,
No Deus-Amor que Foi, Será e É,
Que rege o tempo, as estações e as leis,
Remove reis e estabelece reis!

Lavai o coração, pois, na inocência,
Banhai os olhos no Amor de Jesus,
Resplandecei na luz da Onipotência:
Pois só na Sua Luz vós tereis luz.

Vivei o Cristo e Sua sã doutrina,
Tomai Seu jugo sobre vós, que é leve,
Ungi voss'alma em Sua Luz divina
E ficareis mais níveos do que a neve...

Nada temais, nem mil Armagedons
– Os maus redimem os maus, os bons, os bons –,
E vós sois ovelhinhas do Senhor:
Um só Rebanho para um só Pastor!
....

Nesse terrível Dia do Juízo,
Dois homens formarão a Humanidade:
– O justo, a reflorir como o narciso;
– O iníquo, a só parir iniquidade.

Astros de luz cairão do firmamento,
Quais figos verdes, sob forte vento,
Quando Jeová-Justiça, com equidade,
Banir os maus de toda a Humanidade.

A Humanidade é flor que conspurcou-se
E o festival da carne é vasto alcouce.
O homem rebelado é Satanás:
Quis porfiar com Deus, perdeu a paz!

Para os perversos não há paz na Terra,
A sua mão ultriz só sangue encerra.
São suas crenças antros de sordície;
Suas justiças – trapos de imundície!

É tempo de intervires, Grande Rei,
Pois violaram eles Tua lei,
Para ferires no seu queixo as gentes,
E rebentares aos incréus os dentes!

São dias de vingança, horríveis dias,
Sob o clangor de horrentes profecias:
Angústia entre as nações, a desvairar,
Ante o bramir dos vagalhões do mar!

Com estrepitoso estrondo, os elementos
Se desfarão em brasa, aos quatro ventos:
Nações contra nações, no contrafogo
Dum dilúvio mundial golfando fogo!

Dias de horror... Grande Tribulação!
Dias de um mundo enliçado na rede
Do Abominável da Desolação!
Lede Jesus, lede São Pedro, lede...
....

Disse o profeta. E sua voz tonante,
Era após Era, do poente ao levante,
Brada e rebrada ante cerradas portas,
Qual se bradasse a criaturas mortas...

O Novo Céu e a Nova Terra

E a profecia do velho Céu e da velha Terra, *que passarão*, e da vinda de um novo Céu e uma nova Terra? Na verdade, esse é um assunto que tem despertado pouca atenção até o momento, devido ao estado de *materialidade* em que vive imersa a mente humana.

Jesus já havia alertado os homens, desde a Sua geração: "Acautelai-vos por vós mesmos, para que nunca vos suceda que os vossos corações fiquem sobrecarregados *com as consequências da orgia, da embriaguez e das preocupações deste mundo*, e para que *aquele dia* não venha sobre vós repentinamente como um laço". (Lucas, 21:34.)

E mais: "Cingidos estejam os vossos lombos e acesas as vossas candeias" (Lucas, 12:35), ou seja, estai espiritualmente de pé, atentos e apetrechados, como quem, à noite, apenas aguarda a ordem de partir para uma longa viagem, exatamente como ocorreu com o povo hebreu, quando de sua saída do Egito para o grande Êxodo.

Nesta questão do novo Céu e da nova Terra *há toda uma doutrina crística*, sagrada em seus fundamentos, que merece ser estudada com as luzes do coração.

As Escrituras Sagradas, desde Moisés ao Apocalipse, fazem uma clara distinção entre o Céu e a Terra que hoje existem, e o Céu e a Terra que existirão depois de um *certo acontecimento* que se estabelecerá na História como um autêntico divisor de águas na vida planetária. Em verdade, neste particular, essa grande transformação atingirá o *fenômeno* somente após haver se concretizado no *nômeno* (a causa *cáusica* do fenômeno), uma vez que os acontecimentos externos seguem a reboque do comando oculto no mundo das causas, nascente de todas as mutações universais.

Que acontecimento prodigioso será esse?

Segundo as mais sérias predições de origem superior e a mais clarividente exegética humana, *será um tremor e um deslocamento (no sentido de sua verticalização) do eixo da Terra*, que hoje tem uma inclinação de pouco mais de 23 graus (23°27'08"), e que deverá ocorrer numa época próxima futura de grande tumulto entre as nações, pegando a ciência humana completamente de surpresa e causando enorme assombro a toda a Humanidade.

Ah, a ciência! Quando se diz que será apanhada de surpresa, parece-nos ouvir um difuso e universal murmúrio de incredulidade, como se ela, a par da imensa massa de conhecimento acumulado e dos benefícios imensos prodigalizados ao mundo (bem como dos malefícios...), detivesse também o condão da onisciência, de tudo ver, saber e até mesmo antecipar.

Ouçamos Allan Kardec:

20 – Fora das investigações científicas, pode o homem receber comunicações de ordem mais elevada acerca do que lhe escapa aos testemunhos dos sentidos?

"Sim, se o julgar útil, Deus pode revelar-lhe aquilo *que a ciência não consegue apreender."* (OLE.)

A respeito daquela mencionada surpresa, seria o caso de refletirmos seriamente sobre o que está contido em Isaías, 28:21: "Porque o Senhor se levantará (...) para realizar a sua obra, a sua obra estranha, e para executar o seu ato, *o seu ato inaudito*".

Esquadrinhemos mais um pouco Isaías, agora reforçado por Habacuque:

"O Senhor disse: Visto que este povo se aproxima de mim, e com a sua boca e com os seus lábios me honra, mas o seu coração está longe de mim e o seu temor para comigo consiste só em mandamentos de homens, que maquinalmente aprendeu, continuarei a fazer obra maravilhosa no meio deste povo; sim, *obra maravilhosa e um portento;* de maneira que **a sabedoria dos seus sábios perecerá, e a prudência dos seus prudentes se esconderá**". (Isaías, 29:13/4.)

"Vede entre as nações, olhai, maravilhai-vos, e desvanecei, porque *realizo em vossos dias obra tal*, que vós não crereis, quando vos for contada". (Habacuque, 1:5.) "Eis que faço *coisa nova, que está saindo à luz;* porventura não o percebeis? Eis que porei um caminho no deserto, e rios no ermo". (Isaías, 43:19.)

"Acaso não ouviste que já há muito dispus eu estas coisas, *já desde os dias remotos o tinha planejado?* Agora, porém, *as faço executar*, e eu quis que tu reduzisses a montões de ruínas as cidades fortificadas". (Isaías, 37:26.)

Mesmo que a profecia possa ser revelada, tornando o ato *inaudito* conhecido, nem por isso a surpresa será frustrada, porque, como diz a Escritura Sagrada, *a palavra da cruz é loucura para os que se perdem*. Ademais, diz São Paulo que "(...) as profecias *são um sinal*, não para os infiéis, *mas para os fiéis*". (I Coríntios, 14:22. Tradução do padre Matos Soares.)

Se a profecia é um sinal para os fiéis e não para os infiéis, então os que têm fé, sentem, sabem e creem, guardá-la-ão no coração, como depósito sagrado, preparando-se para o fato anunciado, uma vez que não podem conjurá-lo. Os demais não lhe darão crédito, sendo a profecia para eles letra morta. E se lhe dessem crédito, por certo diriam, como os fariseus, ao ouvirem Jesus decretar que seriam eliminados da Vinha por serem maus lavradores: "Tal não aconteça!" (Lucas, 20:16), pois isto lhes contrariava os propósitos. Daí a surpresa.

Além disso, há vaticínios que não são revelados nem aos fiéis. Constituem como que trunfos nas mãos do Cristo, para serem empregados, *inauditamente*, na hora aprazada: "Logo que falaram os sete trovões, eu ia escrever, mas ouvi uma voz do céu, dizendo: *Guarda em segredo as coisas que os sete trovões falaram, e não as escrevas*". (Apoc. 10:4.) Na Terra, só Jesus, os arcanjos e João Evangelista sabem o que os sete trovões disseram. Portanto, se João – o vidente e audiente de Patmos, que faz a ponte, no Apocalipse, entre os encarnados e a potestade divina – não o disser, ninguém o saberá.

Para os cientistas, os poderosos e os bilionários, Jeremias tem um importante recado: "Assim diz o Senhor: Não se glorie o sábio na sua sabedoria, nem o forte na sua força, nem o rico nas suas riquezas; mas o que se gloriar, glorie-se nisto: *em me conhecer e saber que eu sou o Senhor,* e faço misericórdia, juízo e justiça na terra; porque destas coisas me agrado, diz o Senhor". (9:23/4.)

A surpresa a que nos referimos não é do tremor e deslocamento do eixo em si, mas *da forma abrupta* (ou *brusca*, como a denominará Kardec, mais adiante) como ocorrerá. Essa elevação, quase imperceptível ao longo do tempo, começa a apresentar a partir das últimas décadas manifestações exteriores notáveis, gerando fenômenos geológicos, ecológicos e meteorológicos de alcance planetário, como, entre outros, a movimentação mais ativa das placas tectônicas, o degelo dos polos e o efeito estufa.

Esse movimento está previsto em vários livros da Bíblia, principalmente em Isaías, Ezequiel e Apocalipse, mas devido à sua linguagem cifrada, permanece de certa forma despercebido da maioria dos consulentes. Não temos procuração dos profetas para apontar, de modo concreto e convincente, as passagens em que está incrustado, mas as previsões revelam que ele será esse divisor de águas que separará os Céus e Terra atuais dos Céus e Terra futuros, estabelecendo o início, física e espiritualmente falando, de uma Nova Era para a espécie humana.

O mundo, apavorado, *considerará a Terra fora de órbita*, como prevê Nostradamus, em sua obra em prosa **Carta a Henrique II, rei da França**. As águas deixarão os oceanos e mares e avançarão sobre os continentes, mudando a geografia do planeta. E tudo isto ocorrerá num momento em que as nações *estarão conflagradas,* levando o homem a pensar que a subversão universal *seja decorrência dos entrechoques atômicos*. É a chamada Grande Tribulação que, segundo Jesus, "desde o princípio do mundo até agora não tem havido, *nem haverá jamais"*. (Mateus, 24:21.)

Assim fala o Senhor, por Amós, registrando o fato de maneira impressionante:

"Eis que farei *oscilar* a terra debaixo de vós como oscila um carro carregado de feixes" (2:13). Isaías alerta, dizendo que "a terra *cambaleia* como um bêbado, e *balanceia* como rede de dormir" (24:20). Diz mais: "Em todo monte alto, e em todo outeiro elevado haverá ribeiros e correntes dáguas, no dia da grande matança, quando caírem as torres. A luz da lua será como a do sol, e a do sol sete vezes maior, como a luz de sete dias, no dia em que o Senhor atar a ferida do seu povo, e curar a chaga do golpe que ele deu" (30:25/6).

Jesus reforça Isaías, acrescentando novos pormenores ao fenômeno: "Haverá sinais no sol, na lua e nas estrelas; sobre a terra, angústia entre as nações em perplexidade *por causa do bramido do mar e das ondas;* haverá homens que desmaiarão de terror e pela expectativa das coisas que sobrevirão ao mundo; pois os poderes dos céus serão abalados". (Lucas, 21:25/6.)

Algumas pessoas, infelizmente, ao tomarem conhecimento destas profecias, darão de ombros e dirão: Já ouvimos falar muito sobre isso e foi tudo alarme falso, pois nunca aconteceu nada; por isso, sobre esse assunto nós o ouviremos mais tarde.

É lamentável que isso possa acontecer, porque os expositores sérios da profecia estarão pagando pelos que fazem da palavra de Deus balcão de negócios. Esperamos sinceramente que você, amigo leitor, não pense assim e o convidamos fraternalmente a ler com olhos novos e virgens as informações que se seguem, pois elas poderão fazer uma enorme diferença em sua vida.

Diz o Apocalipse que quando o sétimo anjo derramou a sua taça pelo ar, "ocorreu **grande terremoto**, como nunca houve igual desde que há gente sobre a terra; tal foi o terremoto, forte e grande. E a grande cidade se dividiu em três partes, e caíram as cidades das nações. (...) Toda ilha fugiu, e os montes não foram achados; (...) também desabou do céu sobre os homens grande saraivada, com pedras que pesavam cerca de um talento; e por causa do flagelo da chuva de pedras, os homens blasfemaram de Deus, porquanto o seu flagelo era sobremodo grande" (16:17/21).

Aqui – é a presunção que submetemos à inteligência de nossos irmãos em Humanidade – se chama de **grande terremoto** (como nunca houve igual, de tão forte e grande) **ao próximo tremor e deslocamento do eixo da Terra**, e se revelam importantes reconfigurações na geografia do planeta. De acordo com outras predições, que veremos mais adiante, a América do Sul, embora chamuscada, será preservada em justa medida, graças, como salienta Ubaldi, àquele "direito de ser salvo", àquela presunção de relativa inocência em comparação com outros povos mais belicosos da Terra.

Sempre que o Apocalipse se reportar a um *grande terremoto* (e ele o faz em três passagens – 6:12; 11:13 e 16:18), estará se referindo exclusivamente ao *tremor* de que será objeto o eixo da Terra, quando então esse movimento apresentará uma oscilação inesperada e súbita.

Pedimos escusas ao leitor por repisar aqui esse argumento, mas é preciso que nosso pensamento fique bem claro, cristalinamente claro, a fim de que se evitem mal-entendidos, uma vez que as palavras são ladinas, escorregadias e traiçoeiras, mesmo quando selecionadas com mão de ourives e incrustadas no texto com o auxílio das mais poderosas lupas. Quantas vezes os autores pensam tesoura e o texto registra alicate?

Não afirmamos em nenhum momento que o eixo da Terra, nesse grande evento próximo futuro, se elevará abruptamente até atingir o grau zero, completando sua plena verticalização em pouco tempo, como o fazem algumas mensagens de origem mediúnica. Essa verticalização plena talvez seja atingida no futuro, daqui a alguns milhões de anos, pois a tendência do eixo, ao que parece, é se estabilizar suavemente nessa posição quando a Humanidade também estiver espiritualmente verticalizada.

O que dizemos é que as profecias apontam para um abalo do eixo do planeta *no sentido de sua verticalização* (que optamos por denominar **tremor**, **estremecimento**, visto que qualquer sacudidela, por mais leve que seja, causará imensas transformações na crosta planetária, e um trepidamento mais amplo certamente extinguiria a vida sobre o globo, o que não se coaduna com a obra redentora que o Cristo vem realizando em benefício da Humanidade nem se conforma com Suas profecias).

Uma verticalização total e abrupta seria um fato profundamente anticientífico, e a ciência – é preciso lembrar a muitos religiosos – também é de Deus e não pode ser excluída de uma análise desse porte. Os cientistas dignos desse nome são missionários que o Pai envia à Humanidade, tão importantes nessa área quanto Moisés, Buda e Maomé o foram no campo religioso. A fé, a intuição e a inspiração são elementos essenciais no aperfeiçoamento do ser integral, mas não podem descer à Terra para destruir o que a lógica, a razão e o raciocínio edificaram com tanto sacrifício ao longo dos milênios. A obra de Deus não pode ter por finalidade devastar a obra do homem.

Por isso, uma movimentação inusitada do eixo da Terra parece contrariar, a princípio, a "estabilidade" com que o planeta vem girando desde que foi formado da nossa nebulosa solar. É preciso considerar, porém, que o que sabemos é muito pouco a respeito de um mundo que existe há cerca de 4,5 bilhões de anos e a nossa vida é muito curta, o nosso intelecto muito limitado, nossos cálculos matemáticos muito elementares para nos levar a uma conclusão segura e definitiva sobre essa momentosa questão.

Na verdade, acabamos sendo convencido de que algo deve acontecer nesse sentido porque não encontramos *nenhuma outra explicação razoável* para o **grande terremoto** a que se refere Jesus, nem para o dilúvio de água também profetizado por Ele. Esse evento deslocará de seus lugares todos os continentes e ilhas do globo, gerando uma nova configuração geográfica (nova Terra) e proporcionando o início de um novo estágio de evolução para a Humanidade (novo Céu). O fato não é somente telúrico mas igualmente cósmico, visto que irá gerar uma saraivada de pedras que descerá do céu sobre a Humanidade nessa época de transformação planetária e de conflagração internacional, como vimos na profecia.

Talvez as informações carreadas a seguir possam acrescentar um pouco mais de certezas à nossa perplexidade.

São conhecidos vários movimentos do planeta Terra, sendo os dois mais divulgados, em números redondos, o de rotação (em torno de seu eixo, em 24 horas) e o de translação (em torno do Sol, em 365 dias).

Kardec registra que "Além do seu movimento ânuo em torno do Sol, origem das estações, do seu movimento de rotação sobre si mesma em 24 horas, origem do dia e da noite, *tem a Terra um terceiro movimento* que se completa em cerca de 25.000 anos, ou, mais exatamente, em 25.868 anos, e que produz o fenômeno denominado, em astronomia, *precessão dos equinócios*".

"Este movimento, que não se pode explicar em poucas palavras, sem o auxílio de figuras e sem uma demonstração geométrica, consiste numa espécie de oscilação circular, que se há comparado à de um pião a morrer, e por virtude da qual o eixo da Terra, **mudando de inclinação**, descreve um duplo cone cujo vértice está no centro do planeta, abrangendo as bases desses cones a superfície circunscrita pelos círculos polares, isto é, uma amplitude de 23 e ½ graus de raio".

E acrescenta que "Desse movimento cônico do eixo, resulta que os polos da Terra não olham constantemente os mesmos pontos do céu; que a Estrela Polar não será sempre estrela polar; que os polos gradualmente se inclinam mais ou menos para o Sol e recebem dele raios mais ou menos diretos, (...)". (AG, 181/3.) (Itálico do original; negrito nosso.)

Kardec ainda aventa uma conjectura sobre o dilúvio universal, fato que, segundo seus estudos, é certo que se deu, esclarecendo que "A suposição mais generalizada é a de que ***uma brusca mudança sofreu a posição do eixo e dos polos da Terra;*** daí uma projeção geral das águas sobre a superfície. Se a mudança se houvesse processado lentamente, a retirada das águas teria sido gradual, sem abalos, ao passo que tudo indica ***uma comoção violenta e inopinada.*** Ignorando qual a verdadeira causa, temos que ficar no campo das hipóteses". (AG, 165.) (Itálico do original; negrito nosso.)

A ciência astronômica, numa linguagem mais complexa, porém perfeitamente confirmativa do que se vem estudando neste tópico, denomina esse movimento de *surondular*, estabelecendo um espaço de 26.000 anos aproximadamente para que ele se complete. (EMI, vol. 19, verbete "Terra", p. 10.871.) (Grifo do original.)

É claro que os homens primitivos não anotaram as catástrofes que ocorreram em sua época, por ocasião desse movimento do eixo da Terra que só acontece a cada 26.000 anos, porque os registros históricos só começaram na chamada Idade Literária da Humanidade, ou seja, há pouco mais de 5.000 anos. Mas ficaram os ecos de suas lembranças, passadas oralmente de geração em geração, como a do dilúvio universal a que se refere Kardec, bem como os registros nas camadas geológicas do planeta, tanto desse como de outros acontecimentos globais.

Outras mensagens espirituais, confirmando com mínimas variações as elucubrações do Codificador, falam também desse terceiro grande movimento, axial, que ocorreria a cada período de 25.920 anos (grande ciclo), tempo que o Sol leva, arrastando seu cortejo de planetas, para fazer sua ronda pelos 12 signos zodiacais, consumindo 2.160 anos em cada um (pequeno ciclo). Hoje o planeta está saindo de Pisces para entrar em Aquário. Esse terceiro movimento teria ocorrido há quase 25.920 anos, provocando a submersão da Atlântida. Agora, com a passagem para o 12º signo, após percorrer todo o zodíaco, ele se repetirá, dando cumprimento às grandes profecias de comoção planetária vistas até aqui. (MA, cap. XIV.)

As informações transcritas nos parágrafos anteriores confirmam o conjunto dos elementos proféticos estudados até este momento, ampliando o espectro de reflexão, dentro do contexto cósmico em que está situado este estudo. Vemos que todas elas, ao se referirem a esse terceiro movimento executado pelo planeta Terra, informam (sempre de forma aproximada) que ele ocorre, segundo uma, a cada 25.868 anos; segundo outra, a cada 26.000 anos, e, segundo a terceira, a cada 25.920 anos.

Kardec sugere a possibilidade de ter havido um *movimento brusco, uma comoção violenta e inopinada* do eixo da Terra, uma espécie de tranco muito forte, quando do período diluviano: "As águas, violentamente arremessadas fora dos respectivos leitos, invadiram os continentes, arrastando consigo as terras e os rochedos, desnudando as montanhas, desarraigando as florestas seculares" (AG, p. 164).

Por se tratar de indagações que transcendem a normalidade do cotidiano terreno, cremos oportuno citar aqui este famoso pensamento de Isaac Newton: "A mim mesmo pareço ser apenas um menino que brinca à beira da praia, ora achando uma pedra mais polida ou uma concha mais formosa, enquanto o grande oceano da Verdade se estende, ignoto, diante de mim". E com a extrema prudência que o assunto requer, permanecer no campo das hipóteses, como propõe sabiamente o Codificador.

De acordo com noticiário veiculado à época, e disponível na Internet, "o devastador terremoto de 8,9 graus de magnitude na escala Richter que abalou [em 11 de março de 2011] o Japão *pode ter deslocado em quase 10 centímetros o eixo de rotação da Terra*, segundo um estudo preliminar do Instituto Nacional de Geofísica e Vulcanologia (INGV) da Itália".

"O INGV, que desde 1999 estuda os diversos fenômenos sísmicos registrados na Itália, como o devastador terremoto da região dos Abruzos de 6 de abril de 2009, explica em uma nota que o impacto do terremoto do Japão sobre o eixo da Terra pode ser o segundo maior de que se tem notícia".

"O impacto deste fato sobre o eixo de rotação foi muito maior que o do grande terremoto de Sumatra de 2004 e provavelmente é o segundo maior, atrás apenas do terremoto do Chile de 1960, diz o comunicado".

Isso demonstra que o fato – ou seja, o deslocamento do eixo imaginário de rotação da Terra – é passível de acontecer, conforme as medições levadas a efeito pelos cientistas italianos. Se é possível um deslocamento de 10 centímetros, por que não um de 20, 30 ou 50 centímetros? Neste caso, quais seriam as consequências para as placas tectônicas? Eis por que a profecia que aborda o assunto deve ser levada a sério, porque não se trata mais de uma predição proferida no vácuo, sem alicerces fáticos, mas sim de uma informação profética com grande possibilidade de se tornar concreta na hora predeterminada pelos poderes espirituais que criaram o planeta e o conduzem para uma nova etapa de evolução.

Cabe aqui uma pergunta:

– A profecia confirma que após o grande terremoto haverá uma Humanidade feliz na Terra, vivendo finalmente sob o comando de Jesus?

Sim. Aterrorizada no primeiro momento após a tribulação, mas aclamadoramente feliz logo em seguida. A profecia dirá, inclusive, que após esse evento, o mundo se tornará do Cristo, que passará a reinar soberanamente sobre os corações, nessa nova era de regeneração que será estabelecida na Terra.

No Apocalipse, capítulo 11, versículos 13;15/17, lemos:

"Naquela hora, *houve grande terremoto* e ruiu a décima parte da cidade, e morreram nesse terremoto sete mil pessoas, ao passo que as outras ficaram sobremodo aterrorizadas, *e deram glória ao Deus do céu*. (...) O sétimo anjo tocou a trombeta, e houve no céu grandes vozes, dizendo: *O reino do mundo se tornou de nosso Senhor e do seu Cristo*, e ele reinará pelos séculos dos séculos. E os vinte e quatro anciãos que se encontram sentados nos seus tronos, diante de Deus, prostraram-se sobre os seus rostos e adoraram a Deus, dizendo: Graças te damos, Senhor Deus, Todo-Poderoso, que és e que eras, porque *assumiste o teu grande poder e passaste a reinar*".

Nesse contexto, a cidade simboliza naturalmente o planeta. Vemos assim que, com o grande terremoto, morreram simbolicamente sete mil pessoas (número que, em profecia, simboliza a completude ou perfeição), desencarnando a porcentagem da Humanidade prevista que deveria ser alijada para mundos inferiores, aliada à massa agregada à esfera invisível no mesmo estado de carência expiatória, bem como à que perecera em decorrência do dilúvio de fogo gerado pela ciência tresloucada.

Houve alegria no Céu e aclamação na Terra, porque o mundo terreno, liberado dos Espíritos inferiores, de lá e de cá, que obstavam a sua rendição à Luz, passou agora a obedecer espontaneamente ao comando de Deus e do Seu Cristo. Jesus, pois, assumiu finalmente o Seu trono (os corações humanos) e passou a reinar soberanamente.

Seu reino, que *ainda* não era deste mundo, agora passou a ser (é claro, tudo isso observado sob a ótica da relatividade transicional de um mundo de provas e expiações para um mundo de regeneração). Além de envolver alterações colossais na epiderme do globo, esse evento é concomitante com o período mais agudo de seleção da Humanidade, conforme previsto há dois mil anos por Jesus.

Segundo algumas previsões, umas das finalidades desse movimento axial periódico é propiciar à Humanidade um hábitat renovado, com a emersão de continentes ricos em propriedades orgânicas, e a imersão daqueles que já se encontram exauridos pela exploração humana e que irão se regenerar no fundo das águas.

É esse estremecimento áspero e inopinado que pegará a ciência de surpresa. À medida que os milênios decorrem e o planeta se depura e fluidifica (assim como a sua Humanidade), esse movimento se abranda e alentece, sendo de esperar que, quando se repetir daqui a 26.000 anos, seus efeitos sejam menos espetaculares ou, até mesmo, imperceptíveis, pois concordes com o estádio espiritual de seus habitantes.

Essa trepidação inesperada do eixo da Terra, pois, quando se completar em sua fase final, constituirá a prova divina, o sinal de Deus para o povo sobrevivente, *de que Ele conduziu todo o processo,* exatamente como houvera estabelecido desde os tempos antigos em Seus vaticínios, embora esse fato fosse, de certa forma, negligenciado por seus próprios beneficiários.

É o que certamente quiseram dizer as Vozes do Céu, quando deixaram registrado este ensinamento:

"O sinal do filho do homem, que, segundo a predição de Jesus, há de aparecer no céu, é o advento do reinado do amor e da caridade. *O joio será então completamente separado do trigo.* Esse o momento em que, regenerada, a Humanidade estará pronta para receber em seu coração o reino do Senhor. Nessa época, sim, é que um só será o pastor, a cujos pés todas as ovelhas se prostrarão e, diante das grandes graças que terão recebido, chorarão tanto de reconhecimento e alegria como de pesar *por haverem desconhecido a mão paternal que as dirigia*". (OQE, 3º vol., p. 343.)

Mas busquemos agora, de maneira mais específica, nos celeiros divinos, o quadro panoramizado pelos vaticínios acerca do esvanecimento dos velhos Céus e da velha Terra, que hoje conhecemos, e do surgimento dos novos Céus e da nova Terra.

Os Salmos falam dessa mutação mundial e da imutabilidade do Senhor:

"Em tempos remotos lançaste os fundamentos da terra; e os céus são obras das tuas mãos. Eles perecerão, mas tu permaneces; todos eles envelhecerão como um vestido, como roupa os mudarás, e serão mudados". (102:25/6.)

Isaías faz coro com o salmista e pede que olhemos, até com uma certa saudade, para os atuais Céus e Terra *que breve passarão,* e nos firmemos na promessa de salvação do Cordeiro de Deus:

"Levantai os vossos olhos para os céus, e olhai para a terra em baixo, porque os céus desaparecerão como o fumo, e a terra envelhecerá como um vestido, e os seus moradores morrerão como mosquitos, mas a minha salvação durará para sempre, e a minha justiça não será anulada". (51:6.)

Jesus revela que Suas profecias não sofrerão qualquer modificação até a ocorrência dessa mudança universal, assim como aquela geração que vivia em Seu tempo (e que já vinha reencarnando na face do globo desde a aurora da Humanidade), aqui permaneceria, de reencarnação em reencarnação, a fim de acompanhar, transformando-se, o cumprimento de tudo quanto fora predito:

"Porque em verdade vos digo: *Até que o céu e a terra passem*, nem um i ou um til jamais passará da lei, até que tudo se cumpra. (...) ... não passará esta geração sem que tudo isto aconteça. *Passará o céu e a terra*, porém as minhas palavras não passarão". (Mateus, 5:18 - 24:34/5.)

Uma interpretação reversa destas palavras, *"até que o céu e a terra passem*, nem um i ou um til passará da lei", leva-nos a inferir que, uma vez que o velho Céu e a velha Terra hajam passado, um i ou um til da Lei *poderá passar*, ou seja, ser modificado, no novo ciclo evolutivo que se abrirá para a Humanidade.

Pensamos: antes dessa mudança extraordinária, a Lei era inexorável e determinística porque a Humanidade estava submetida a uma carga muito compacta de débitos cármicos livremente contraídos em sua multimilenar ignorância: *actio libera in causa* (a ação é livre na sua origem). Após a mudança, o mundo foi libertado de seus piores elementos (seleção de joio e trigo) e a nova Humanidade, já desafogada e entrante na fase de regeneração, se impregnou de aspirações fortemente voltadas só para o bem e o progresso geral. Nesta fase, a Lei ou profecia poderia, em tese, a partir daí, ser abrandada, tornando-se passível de perder alguns de seus ii. Porque a Humanidade passaria a amar, e o amor, segundo a palavra divina, cobre multidão de pecados.

O coração de Deus não é de pedra. O famigerado (mas de má fama) Senhor dos Exércitos do Testamento Antigo não é aquele Deus humanizado a chicotear trovões no Infinito, caricaturado por Guerra Junqueiro. Era apenas Jesus que "vestia-se de militar" para o povo hebreu da dispensação mosaica, assim como os anjos também "vestem-se de asas" para certos religiosos dos tempos atuais. Não há – como pergunta José Ingenieros – os que preferem uma oleografia de toureiro a uma madona de Fra Angélico?

Talvez caiba aqui o que o Senhor disse por meio de Jeremias, 18:7/10, naquela sua linguagem propositadamente humana, *para se tornar mais próximo dos homens:*

"Então veio a mim a palavra do Senhor: (...) No momento em que eu falar acerca de uma nação, ou de um reino para o arrancar, derribar e destruir, *se a tal nação se converter da maldade contra a qual eu falei,* também eu me arrependerei do mal que pensava fazer-lhe. E no momento em que eu falar acerca de uma nação ou de um reino, para o edificar e plantar, *se ela fizer o que é mal perante mim, e não der ouvidos à minha voz,* então me arrependerei do bem que houvera dito lhe faria".

Eis aí como alguns ii podem ser removidos, se houver uma correspondente mudança no comportamento da massa objeto da profecia. Não é também o que Jesus informou no Pai Nosso: "Perdoai as nossas dívidas *assim como nós* perdoarmos os nossos devedores"?

Na parábola do credor incompassivo, o Senhor diz que certo rei perdooou grande dívida a um de seus servos, mas que este negou-se a perdoar uma pequena dívida a um seu conservo. O rei, então, indignado ao tomar conhecimento do fato, disse-lhe: Servo malvado, perdoei-te aquela dívida toda porque me suplicaste; não devias tu, igualmente, compadecer-te do teu conservo, como também eu me compadeci de ti? E o entregou aos verdugos, até que lhe pagasse toda a dívida. (Mateus, 18:23/35.)

Isto não é conto da carochinha. É revelação do funcionamento da Lei Divina, que retribui a cada um de acordo com suas obras. Não está aqui uma prova de que a Lei só é dura para os empedernidos, abrandando-se para os que se voltam para a mansuetude? Não que Deus seja voluntarioso. Voluntarioso é o homem. Mas o Pai criou leis flexíveis, e nessa flexibilidade da lei é que reside a sua verdadeira justiça. "Seja Deus verdadeiro e mentiroso todo homem", diz Paulo, em Rom. 3:4. Segundo Jesus, quando forem excluídos da Terra os que praticam escândalos e iniquidades, os justos resplandecerão como o Sol, no reino de seu Pai. (Mateus, 13:43.)

O Apóstolo Pedro acrescenta que a separação de joio e trigo, no chamado Dia do Juízo, será concomitante ao *dilúvio de fogo* a ser gerado pela ciência enlouquecida, na terceira e última guerra mundial (o terceiro ai do Apocalipse) que deverá ser travada neste planeta, após a qual terá início um novo alvorecer:

"Ora, *os céus que agora existem, e a terra*, pela mesma palavra *têm sido entesourados para fogo*, estando reservados para o dia do juízo e destruição dos homens ímpios. (...) Virá, entretanto, como ladrão, o dia do Senhor, *no qual os céus passarão com estrepitoso estrondo* e os elementos se desfarão abrasados; também a terra e as obras que nela existem serão atingidas. Visto que todas essas coisas hão de ser assim desfeitas, deveis ser tais como os que vivem em santo procedimento e piedade, *esperando e apressando a vinda do dia de Deus,* por causa do qual os céus incendiados serão desfeitos e os elementos abrasados se derreterão. Nós, porém, segundo a sua promessa, *esperamos novos céus e nova terra*, nos quais habita justiça". (II Pedro, 3:7;10/2.)

Ouçamos também Isaías:

"Na verdade a terra está contaminada por causa dos seus moradores, porquanto *transgridem as leis, violam os estatutos, e quebram a aliança eterna*. Por isso a maldição consome a terra, e os que habitam nela se tornam culpados; por isso *serão queimados os moradores da terra,* e poucos homens restarão". (24:5/6.)

O Apocalipse nos alerta que, com o movimento áspero do eixo da Terra, o céu parecerá precipitar-se para o horizonte, enrolando-se, dando a impressão de que as estrelas estivessem caindo do firmamento; a luz do Sol será coberta pelos cogumelos atômicos e muitas ilhas e continentes, ou partes deles, submergirão para dar lugar ao novo desenho da litosfera terrestre. O panorama celeste com o qual os habitantes do mundo estavam acostumados em cada região, terá agora, à vista dos homens, com o rearranjo dos continentes, uma nova configuração estelar, daí ser chamado de novos Céus:

"Vi quando o Cordeiro abriu o sexto selo, e sobreveio *grande terremoto*. O sol se tornou negro como saco de crina, a lua toda como sangue, as estrelas do céu caíram pela terra, como a figueira, quando abalada por vento forte, deixa cair os seus figos verdes, e o céu recolheu-se como um pergaminho quando se enrola. *Então todos os montes e ilhas foram movidos dos seus lugares"*. (Ap. 6:12/4.)

Os terremotos são, em grande parte, gerados pelo entrechoque das bordas dos gigantescos blocos que formam a superfície da Terra, denominados placas tectônicas. Mas por maiores que sejam essas colisões, elas jamais conseguiriam mover globalmente *todos os montes e ilhas dos seus lugares ao mesmo tempo,* como diz a profecia.

Ora, reza a hermenêutica jurídica que não há palavras inúteis na lei. O mesmo se pode dizer, com mais fundada razão, em relação à profecia. Quando ela diz que *todos os montes e ilhas serão movidos de seus lugares*, ela quer dizer literalmente que *todos os montes e ilhas serão movidos de seus lugares*. E isto só é possível se o movimento da superfície da Terra partir de um movimento de seu próprio eixo. Não pode ser, portanto, um terremoto parcial. É o **grande terremoto**.

Vejamos Daniel. O rei Nabucodonosor teve um sonho. Nesse sonho ele viu uma grande estátua, imensa e de extraordinário esplendor, que estava em pé diante dele, e sua aparência era terrível. A cabeça era de fino ouro, o peito e os braços de prata, o ventre e os quadris de bronze, as pernas de ferro, e os pés, em parte de ferro e em parte de barro.

Quando o rei estava olhando, **uma pedra** foi cortada do monte, *sem auxílio de mãos humanas,* feriu a estátua *nos pés de ferro e de barro,* e os esmiuçou. Então foi juntamente esmiuçado o ferro, o barro, o bronze, a prata e o ouro, os quais se fizeram como a palha das eiras no estio, e o vento os levou, e deles não se viram mais vestígios. Mas *a pedra,* que feriu a estátua, *se tornou em grande montanha que encheu toda a terra.*

Daniel interpreta o sonho do rei, explicando que cada parte da estátua representa um reino, e conclui, falando daquela pedra que foi cortada do monte sem auxílio de mãos humanas e que esboroou completamente a estátua, dizendo:

"Mas nos dias desses reis, o Deus do céu suscitará um reino *que não será jamais destruído;* esse reino não passará a outro povo: esmiuçará e consumirá todos esses reinos, mas ele mesmo *subsistirá para sempre,* como viste que do monte foi cortada uma pedra, sem auxílio de mãos, e ela esmiuçou o ferro, o bronze, o barro, a prata e o ouro. O Grande Deus fez saber ao rei *o que há de ser futuramente.* Certo é o sonho, e fiel a sua interpretação". (Daniel, cap. 2.)

De acordo com a volta cíclica atual, planetária, esses reinos são as nações que compõem a Terra. A pedra já foi interpretada pelo salmista, pelos apóstolos e pelo próprio Cristo: é o Cristo. "A pedra que os construtores rejeitaram [Jesus], essa veio a ser a principal pedra, angular." (Salmos, 118:22.) "(...) sendo ele mesmo, Cristo Jesus, a pedra angular." (Paulo, Efésios, 2:20.) "Todo o que cair sobre esta pedra ficará em pedaços; e aquele sobre quem ela cair ficará reduzido a pó." (Jesus, Mateus, 21:44.)

A estátua é o planeta. Atingi-la **nos pés,** fazendo esbarrondar todas as suas partes, dos metais mais nobres aos mais ordinários, é atingir o planeta na sua base ou sustentação – *o eixo* –, remexendo toda a sua superfície e estabelecendo um novo hábitat e uma nova era áurea para a Humanidade. E esse "feito nunca feito", no dizer de Camões, será feito pelo Cristo (a pedra cortada da montanha), isto é, sem auxílio de mãos humanas, porque não há poder na Terra capaz de realizar tão extraordinária modificação.

***

Vamos abrir aqui um pequeno parêntese para falar das placas tectônicas.

Um corte esquemático do planeta Terra mostra, em traços simples, um núcleo interior, um núcleo exterior, uma camada chamada manto e a crosta terrestre. O núcleo interior e a crosta são sólidos; o núcleo exterior e o manto são plásticos ou semifluidos, em altíssima temperatura. Amostras do manto superior chegam à superfície como lava dos vulcões.

De acordo com a teoria das placas tectônicas, que hoje norteia as Geociências, a crosta da Terra, ou litosfera, não é contínua, mas, como num jogo de quebra-cabeça, se fragmenta em uma dúzia de grandes placas rígidas e mais de vinte placas menores. Dentre as maiores se destacam as seguintes:

Placa Norte-Americana (América do Norte, Atlântico Norte ocidental e Groenlândia),

Placa Sul-Americana (América do Sul e Atlântico Sul ocidental),

Placa Africana (África, Atlântico Sul oriental e Oceano Índico Ocidental),

Placa Eurasiana (Atlântico Norte oriental, Europa e Ásia, exceto a Índia),

Placa Antártica (Antártica e o Oceano Austral),

Placa Indo-Australiana (Índia, Austrália, Nova Zelândia e a maior parte do Oceano Índico),

Placa de Nazca (Pacífico oriental próximo à América do Sul), e

Placa do Pacífico (a maior parte do Oceano Pacífico e a costa meridional da Califórnia).

Sua espessura varia desde 15 km no leito dos oceanos a 200 km ou mais nos continentes. Essas placas se movimentam lenta e continuamente (de 1 a 10 cm por ano) sobre o manto, que também se move por convecção, ocasionando um contínuo processo de pressão e deformação nas grandes massas de rocha. As forças endógenas do planeta, causadoras da deriva continental, são responsáveis pela dinâmica da crosta terrestre, redesenhando, de contínuo, o mapa do mundo.

Esse deslizar das placas sobre o manto, afastando-se ou colidindo-se, gera tensão, provoca sismos, causa a evasão de magma para a superfície, através de fissuras, liberando energia. A expansão ocorre quando duas placas se afastam uma da outra e nova crosta é criada pelo magma que flui das profundezas. A colisão se dá quando outras duas se chocam e a borda de uma mergulha debaixo da borda da outra na quentura do manto. Há também o movimento de fricção em algumas placas, como o que ocorre na Falha de Santo André, na Califórnia, quando uma se esfrega horizontalmente na outra, gerando tensão. A área de contato é marcada por uma forte atividade sísmica, traduzida geralmente por terremotos, que são medidos pela escala Richter.

Países como Irã, Turquia, Japão e Estados Unidos sofrem muito com os resultados desses tremores, já que se localizam sobre o encontro de duas ou mais dessas placas. O Brasil, felizmente, encontra-se mais para o centro do grande bloco denominado Placa Sul-Americana, longe das bordas de choque, por isso os abalos sísmicos a que está sujeito são pouco frequentes. Além disso, o movimento com o bloco que lhe está defronte, a Placa Africana, é de afastamento e não de colisão.

Com a elevação crescente do eixo da Terra, tal como parece ocorrer atualmente, a tendência é a reacomodação periódica das placas tectônicas, com a ocorrência de terremotos e maremotos cada vez mais fortes, constantes e mesmo simultâneos, gerando aquele quadro escatológico anunciado pelas profecias.

Cientistas italianos afirmaram – conforme registramos há pouco – que aquele forte terremoto ocorrido no Japão, em 11 de março de 2011, *modificou a inclinação do eixo de rotação da Terra em quase 10 centímetros.* Caso a ciência venha a confirmar a assertiva, há nela um equívoco que pode ser facilmente esclarecido, visto que o efeito foi tomado pela causa. Não é o terremoto que modificou a inclinação do eixo, *mas a elevação lenta e progressiva do eixo é que causou o terremoto*. Como causará outros mais, a qualquer momento, pela dinâmica do processo.

Fechamos o parêntese.

***

Diz o Apocalipse, 20:11, que essa mudança cósmico-planetária ocorrerá quando Deus se assentar no trono de Sua glória para promover o grande julgamento da Humanidade, abrindo um novo ciclo de luz, com o alijamento das coisas velhas que se foram: "Vi um grande trono branco e aquele que nele se assenta, *de cuja presença fugiram a terra e o céu*, e não se achou lugar para eles".

Emmanuel, em **A Caminho da Luz** (FEB, 1975), diz, no início da obra, que na direção de todos os fenômenos do nosso sistema existe uma Comunidade de Espíritos Puros e Eleitos pelo Senhor Supremo do Universo, *em cujas mãos se conservam as rédeas diretoras da vida de todas as coletividades planetárias*.

Essa Comunidade de seres angélicos e perfeitos – continua o nobre Mentor –, da qual é Jesus um dos membros divinos, ao que nos foi dado saber, apenas já se reuniu, nas proximidades da Terra, *para a solução de problemas decisivos da organização e da direção do nosso planeta*, por duas vezes no curso dos milênios conhecidos.

A primeira, verificou-se quando o orbe terrestre se desprendia da nebulosa solar, a fim de que se lançassem, no Tempo e no Espaço, as balizas do nosso sistema cosmogônico e o princípio da vida na matéria em ignição, do planeta, e *a segunda*, quando se decidia a vinda do Senhor à face da Terra, trazendo à família humana a lição imortal do seu Evangelho de amor e redenção.

No final do livro, Emmanuel reata o assunto para nos revelar que Espíritos abnegados e esclarecidos falam-nos de *uma nova reunião* da comunidade das potências angélicas do sistema solar. Reunir-se-á, de novo, a sociedade celeste, *pela terceira vez*, na atmosfera terrestre, desde que o Cristo recebeu a sagrada missão de abraçar e redimir a nossa Humanidade, *decidindo novamente sobre os destinos do nosso mundo*. Que resultará desse conclave dos Anjos do Infinito? pergunta Emmanuel. E ele mesmo responde: Deus o sabe. E conclui: Nas grandes transições do século que passa, aguardemos o seu amor e a sua misericórdia. (p. 17/8 e 210.)

Observemos que a linguagem é tão solene quanto a dos profetas da Bíblia Sagrada. Das três reuniões mencionadas, a primeira ocorreu quando da formação do planeta Terra, há cerca de 4,5 bilhões de anos; a segunda, quando da vinda do Senhor Jesus à face do orbe, há dois mil anos; e a terceira, uma nova reunião, *a ser realizada na atmosfera terrestre nos dias atuais*, para decidir sobre o quê?

Emmanuel se abstém de minuciar sua pauta. Mas em vista das profecias que vimos analisando até aqui, é possível ter uma ideia aproximada do que estará tratando essa Comunidade de Espíritos Puros e Eleitos pelo Senhor Supremo do Universo em prol da redenção da Humanidade. Talvez quando o amigo leitor estiver percorrendo estas páginas, a reunião esteja em andamento ou até mesmo já tenha sido realizada...

Por antecipada visão, podemos ver agora os primeiros acordes dessa Era de Paz. A guerra, a dor, a seleção da Humanidade e o tremor do eixo planetário haverão de passar. A nova Humanidade reiniciará uma nova etapa de constante progresso e crescente felicidade. Quem nos fala dessa nova aurora com suave melodia ao coração é o Senhor por meio do profeta Isaías:

"Ponho as minhas palavras na tua boca, e te protejo com a sombra da minha mão, para que *eu estenda novos céus, funde nova terra,* e diga a Sião: Tu és o meu povo. (...) Pois eis que *eu crio novos céus e nova terra;* e não haverá lembrança das coisas passadas, jamais haverá memória delas. (...) Porque, *como os novos céus e a nova terra, que hei de fazer, estarão diante de mim,* diz o Senhor, assim há de estar a vossa posteridade e o vosso nome". (51:16 – 65:17 – 66:22.)

João Evangelista, no Apocalipse, confirma, cerca de 800 anos depois, a palavra de Isaías, seu irmão de ministério profético, com esta nova e inebriante visão:

"*Vi novo céu e nova terra*, pois o primeiro céu e a primeira terra passaram, e o mar já não existe. (…) E aquele que está assentado no trono disse: Eis que faço novas todas as coisas. E acrescentou: Escreve, porque estas palavras são fiéis e verdadeiras". (21:1;5.)

E Deus arremata, finalmente, no mesmo livro, 21:7, a multimilenar epopeia evolutiva da Humanidade, por meio da voz pressaga de João Evangelista. E o faz com estas palavras inesquecíveis, que plenificam de consolação e esperança a alma dos verdadeiros adoradores, isto é, servidores do Senhor:

"O vencedor herdará estas coisas, e eu lhe serei Deus e ele me será filho".

E, salvo melhor juízo, assim será, com os homens, sem os homens ou apesar dos homens, por uma razão muito simples: *Deus falou.*

3ª Parte

Conclusão

O Brasil no Apocalipse

"Bem-aventurados os que leem e ouvem as palavras da profecia e guardam as coisas nela escritas, pois o tempo está próximo."
(Apoc. 1:3.)

Trombetas e trovões ribombam no infinito,
Mesclando à Humanidade, em raivoso conflito,
Fogo, sangue e saraiva, arrojados de chofre,
Com a Besta e o Dragão, sobre o lago de enxofre!

E do Poço do Abismo, erigido em fornalha,
Gafanhotos hostis sobressaem à batalha;
Freme a Terra o pavor do Sol negro, em eclipse,
Sob o horrendo painel, à luz do Apocalipse!

No entanto, vendo João – O Grande Evangelista –
Nova e radiosa terra, em sagrada conquista
Dos remidos de Deus, no Brasil do porvir,

Sereno, mais se entrega à faina que o compraz,
E escuta, escreve, assina a Mensagem de Paz
Daquele que Era e É e que em breve há de vir!

O que Virá a Seguir

"Vai alta a noite e vem chegando o dia. Deixemos, pois, as obras das trevas e revistamo-nos das armas da luz."
(Paulo, Rom. 13:12)

Sempre que ocorre um recrudescimento de hostilidade entre as nações, os meios de comunicação em geral e as pessoas em particular repercutem a seguinte questão, que permanece latente no borralho no inconsciente coletivo:

– Será isto o início da Terceira Guerra Mundial?

Somente a profecia pode responder a essa questão, tranquilizando os que acreditam na condução divina sobre os negócios humanos, há tantos milênios criptografada nas Sagradas Escrituras.

Abandonando a superfície dos acontecimentos, onde pululam as hipóteses e os exercícios de mera futurologia, e mergulhando na gênese dos fatos, onde pendoam as profecias e permanecem inabaláveis as nascentes de todos os fenômenos que eclodem no mundo físico, podemos estabelecer, com fulcro nessa conexão de vaticínios que vimos apresentando até aqui, uma cronologia de eventos *que poderão ocorrer na época do Armagedon*.

Esquematizando, diremos que a Terceira Guerra Mundial – também conhecida como Armagedon e Grande Tribulação –, que encerrará para sempre a sucessão de guerras que tem ensanguentado a Humanidade, *poderá ser precedida e sucedida pelos seguintes acontecimentos:*

1) crescente hostilidade entre as nações, conforme previsto por Jesus (o princípio das dores), criando um clima de insegurança geral e histeria coletiva que assolará todos os povos, e cujo marco inicial, neste entreguerras que estamos vivendo, podem ser considerados os infaustos acontecimentos de 11 de setembro de 2001, nos Estados Unidos da América do Norte;

2) aparecimento no cenário internacional do Anticristo, *o Homem da Iniquidade, o Filho da perdição, o Adorador do Deus das Fortalezas*, que se declarará deus e exigirá o culto devido a esse *status* divino, polarizando em torno de si todos os que acreditarem ser ele o Messias prometido. "E adorá-lo-ão todos os que habitam sobre a Terra, aqueles cujos nomes, desde a fundação do mundo, não foram escritos no livro da vida do Cordeiro", diz o Apocalipse, 13:8. É o **abominável – ou a abominação – da desolação no lugar santo**, a que se refere Jesus (quem lê, entenda), conforme previsto em Daniel e Paulo, bem como no Apocalipse;

3) depois disso, poderá eclodir a guerra nuclear entre as nações, gerando aquele *dilúvio de fogo,* de que nos dá notícia o Apóstolo Pedro, seguido de um *dilúvio de água,* anunciado por Jesus, em Lucas, 21:25/6, em consequência do estremecimento do eixo da Terra, redundando na desencarnação em massa de enorme parcela da Humanidade (Zac. 13:8). Os sobreviventes, principalmente os que habitarem a América do Sul, que será chamuscada em justa medida, reiniciarão uma Nova Era para a Humanidade, sob o pálio de um novo Céu e de uma nova Terra, porque as primeiras coisas passaram, conforme previsto na parte profética da Bíblia Sagrada, e também por Edward Lyndoe, em 1938;

4) e logo após o Armagedon, a migração – ou êxodo mundial – de povos de todas as nações, em direção à América do Sul, principalmente para o Brasil, em busca de condições mínimas de paz e segurança que não mais encontram em seus países, conforme previsto pelos profetas bíblicos já mencionados (Isaías, Ezequiel e Jeremias), e, modernamente, pelo filósofo italiano Pietro Ubaldi.

A muitas pessoas causa incredulidade e horror essa possibilidade de morticínio em massa, ainda mais quando revelada e conduzida pelos poderes espirituais diretores do planeta.

Uma rápida leitura, porém, de alguns itens do capítulo "Da lei de destruição", de **O Livro dos Espíritos,** fará dissolver essa falsa impressão, que revela mais ignorância da Lei Divina (e do mecanismo oculto pelo qual se processa a evolução do homem, enquanto em estágio de consciência de sono), do que verdadeira espiritualidade:

728. *A destruição é uma lei da Natureza?*

"**É preciso que tudo se destrua para renascer e se regenerar**, pois isso a que chamais destruição não passa de uma transformação, que tem por fim a renovação e a melhoria dos seres vivos."

737. *Com que fim castiga Deus a Humanidade por meio de flagelos destruidores? [O verbo castigar, aqui, deve ser entendido como disciplinar, despertar da consciência de sono.]*

"Para fazê-la progredir mais depressa. Já não dissemos que a destruição é necessária para a regeneração moral dos Espíritos, que em cada nova existência, sobem mais um degrau na escala da perfeição? É preciso que se veja o objetivo, para se poder apreciar os resultados. Como os julgais somente do vosso ponto de vista pessoal, dais-lhes o nome de flagelos, em virtude do prejuízo que vos causam. No entanto, muitas vezes esses transtornos são necessários para que mais depressa se chegue a uma ordem melhor de coisas **e para que se realize em alguns anos o que teria exigido muitos séculos.**"

738. *Para melhorar a Humanidade, Deus não poderia empregar outros meios além dos flagelos destruidores?*

"Sim, e diariamente os emprega, pois deu a cada um os meios de progredir pelo conhecimento do bem e do mal. É o homem que não se aproveita desses meios. **É preciso, pois, que seja castigado [atingido] no seu orgulho e sinta a própria fraqueza.**"

738-a. *Mas, nesses flagelos, tanto sucumbe o homem de bem como o perverso. Isso é justo?*

"Durante a vida, o homem refere tudo ao seu corpo; após a morte, porém, outra é a sua maneira de pensar. Como já dissemos, a vida do corpo é bem pouca coisa. Um século do vosso mundo é um relâmpago na eternidade. Logo, os sofrimentos de alguns meses ou de alguns dias nada representam; é um ensinamento que vos é dado e que vos servirá no futuro. **Os Espíritos, que preexistem e sobrevivem a tudo, constituem o mundo real; são esses os filhos de Deus e o objeto de toda a sua solicitude.** Os corpos não passam de disfarces com que eles aparecem no mundo. Nas grandes calamidades que dizimam os homens, o panorama é semelhante ao de um exército cujos soldados, durante a guerra, ficassem com seus uniformes estragados, rotos ou perdidos. O general se preocupa mais com seus soldados do que com os uniformes deles."

738-b. *Mas, nem por isso as pessoas vitimadas por esses flagelos deixam de ser vítimas.*

"Se considerásseis a vida qual ela é, e como é insignificante em relação ao infinito, não lhe daríeis tanta importância. Em outra existência, essas vítimas encontrarão larga compensação aos seus sofrimentos, se souberem suportá-los sem murmurar."

Comentário de Allan Kardec:

Quer a morte venha por um flagelo ou por uma causa comum, ninguém deixa de morrer quando houver soado a hora da partida. A única diferença, em caso de flagelo, é que parte ao mesmo tempo maior número de pessoas. Se pudéssemos nos elevar pelo pensamento de maneira a dominar a Humanidade e abrangê-la completamente, esses flagelos tão terríveis não nos pareceriam mais do que tempestades passageiras no destino do mundo.

741. *É permitido ao homem afastar os flagelos que o torturam?*

"Em parte, sim; não, porém, como geralmente o entendem. Muitos flagelos resultam da imprevidência do homem. À medida que adquire conhecimentos e experiência, ele os pode afastar, isto é, preveni-los, se souber pesquisar suas causas. **Contudo, entre os males que afligem a Humanidade, há os de caráter geral, que estão nos desígnios da Providência e dos quais cada indivíduo recebe, em maior ou menor grau, o contragolpe. O homem nada pode opor a esse tipo de flagelo, a não ser submeter-se à vontade de Deus.** Além disso, muitas vezes esses males são agravados pela negligência do próprio homem." (Itálico do original; negrito nosso.)

Diz mais a Doutrina Espírita, em outra passagem:

"No estado de inferioridade em que ainda se acha o vosso planeta, os flagelos, a peste, a fome e a guerra *contribuem para o progresso dos povos,* porque são meios de provações e expiações e servem para o desenvolvimento da civilização, da ciência, do adiantamento moral e intelectual, abrindo caminhos à atividade, à prática do devotamento e da caridade".

"As vítimas dessas calamidades *o são voluntariamente,* pois que, a título de provação, de expiação ou de missão, procuraram por si mesmas nascer num país, no seio de uma família, viver ou achar-se em um lugar onde viessem a experimentar qualquer daqueles chamados flagelos".

"São efetivamente flagelos, no sentido de que atingem indistintamente grandes e pequenos, *lembrando assim ao homem que, diante do poder divino, todas as cabeças se encontram à mesma altura* e que, uma vez caídas, todas ficam rentes com o solo".

"Não vos lamenteis, portanto, quando virdes uma calamidade pública abater-se sobre um país. Dizei, ao contrário: 'Bendito seja o Senhor, que estende seu flagelo por sobre as massas e pesa na sua balança o valor de seus povos, que manda às nações o progresso e a paz aos homens de boa vontade'". (OQE, 2º vol., p. 112/3.)

Emmanuel reconhece humildemente, em seus escritos, que os seres da sua esfera não conhecem o futuro, nem podem interferir nas coisas que lhe pertencem, mas acredita que o porvir, sem estar rigorosamente determinado, está previsto nas suas linhas gerais. (EMM, p. 169.)

Não obstante sua cautelosa afirmação, apresenta o seguinte vislumbre *do futuro de algumas nações poderosas da atualidade,* muito assustador para os que se encontram ainda no estágio de consciência de sono (estágio em que o homem deposita toda a sua confiança na "estabilidade" da matéria), que é o caso de aproximadamente dois terços da Humanidade:

"(...) todavia, a guerra é inevitável no ambiente dessa civilização de monumentos grandiosos de ciência no plano material, mas feita de fogos-fátuos no domínio da espiritualidade. Os povos, em virtude da organização de suas leis, têm necessidade de deflagração dos movimentos bélicos. *Não poderão viver muito mais tempo sem eles. A destruição lhes é necessária".*

"*Dentro de alguns séculos,* os colossos de Paris, de Roma e de Londres serão contemplados com o embevecimento histórico das recordações; a torre Eiffel, a Abadia de Westminster serão como as ruínas do Coliseu de Vespasiano e das construções antigas do Spalato. *Os ventos tristes da noite hão de soluçar sobre os destroços, onde os homens se encontraram para se destruírem, uns aos outros, em vez de se amarem como irmãos. Os raios da Lua deixarão ver, nas margens do Tâmisa, do Tibre e do Sena,* **o local onde a Civilização Ocidental suicidou-se à míngua de conhecimentos espirituais.**

O império britânico conhecerá então, como a Península Ibérica, a recordação dos seus domínios e das suas conquistas. A França sentirá, como a Grécia antiga, um orgulho nobre por ter cooperado na enunciação dos Direitos do Homem e a Itália se lembrará melancolicamente de suas lutas".

"De cada vez que os homens querem impor-se, arbitrários e despóticos, diante das leis divinas, *há uma força misteriosa que os faz cair,* dentro dos seus enganos e de suas próprias fraquezas. A impenitência da civilização moderna, corrompida de vícios e mantida nos seus maiores centros à custa das indústrias bélicas, não é diferente do império babilônico que caiu, apesar do seu fastígio e da sua grandeza. No banquete dos povos ilustres da atualidade terrestre, leem-se as três palavras fatídicas do festim de Baltasar. Uma força invisível gravou novamente o 'Mane – Thécel – Phares' na festa do mundo".

"Que Deus, na Sua misericórdia, ampare os humildes e os justos". (EMM, 109/110.)

Emmanuel, sempre sintonizado com Jesus, emprega a expressão "dentro de alguns séculos", para referir-se à guerra final, porque sabe, com a sabedoria haurida no Divino Mestre, que as profecias *assinalam épocas sem estabelecer datas.* Os "profetas" e "intérpretes" que estabeleceram datas (e houve muitos na História), talvez em busca de notoriedade, foram sempre e afortunadamente desmentidos pelos fatos.

"Em se tratando de coisas de tanta gravidade, que são *alguns anos a mais ou a menos?",* perguntam as entidades superiores a Kardec, em relação aos eventos futuros que o preocupavam em sua época. (OP, p. 280.)

Que são *uns séculos a mais ou a menos,* perguntamos nós, quando se tratar de fatos planetários que interessam à regeneração da Humanidade? As profecias são de Deus, e, para Deus, mil anos são como o dia de ontem que já passou. (Salmos, 90:4.)

Esses grandes acontecimentos apocalípticos afiguram-se-nos extraordinários porque vistos da Terra, mas não passam de leves encrespaduras nas ondulações da História quando vistos do Infinito.

Pietro Ubaldi, na "Mensagem de Natal", assim registra o pensamento de Sua Voz:

"(...) O vosso progresso científico tende a tornar-se e tornar-se-á tão hipertrófico, porque não contrabalançado por um paralelo progresso moral, que o equilíbrio não poderá ser mantido nos acontecimentos históricos. Tem crescido e crescerá cada vez mais, sem precedentes na História, o domínio humano sobre as forças da natureza. Um imenso poder terá o homem, mas ele para isso não está preparado moralmente, *porque a vossa psicologia é, em substância, infelizmente, a mesma da tenebrosa Idade Média.* É um poder demasiadamente grande e novo para vossas mãos inexperientes".

"(...) *Eu percebo um aumentar de tensão, lento, porém constante, que preludia o inevitável explodir do raio*. Essa explosão é a última conseqüência, mesmo de acordo com a vossa lógica, de todo movimento. Desproporção e desequilíbrio não podem durar; a Lei quer que se resolvam num novo equilíbrio. Assim como a última molécula de gelo faz desmoronar o iceberg gigantesco, assim também de uma centelha qualquer surgirá o incêndio. (...)".

"(...) A destruição, porém, é necessária. Haverá destruição somente do que é forma, incrustação, cristalização, de tudo o que deve desaparecer, para que permaneça apenas a ideia, que sintetiza o valor das coisas. *Um grande batismo de dor é necessário, a fim de que a humanidade recupere o equilíbrio, livremente violado:* grande mal, condição de um bem maior. Depois disso, a humanidade, purificada, mais leve, mais selecionada por haver perdido seus piores elementos, reunir-se-á em torno dos desconhecidos que hoje sofrem e semeiam em silêncio; e retomará, renovada, o caminho da ascensão. Uma nova era começará: o espírito terá o domínio e não mais a matéria, que será reduzida ao cativeiro. Então, aprendereis a ver-nos e escutar-nos; desceremos em multidão e conhecereis a Verdade". (GM, p. 22/3.)

Já na "Mensagem do Perdão", são tão sublimes os conceitos exarados que Ubaldi a envia a Ernesto Bozzano, perguntando-lhe se, pelo texto, seria possível identificar a Entidade comunicante. Responde o conceituado pesquisador italiano de ciências psíquicas: "(...) Parece-me que dela transparece claramente quem é que se manifesta: 'Deus, perdoa-os, não sabem o que fazem (...)'. 'Por vós me deixaria crucificar outra vez (...)'. 'Não queirais renovar-me as angústias do Getsêmani (...)'. Infere-se que deve tratar-se nada menos que de Jesus Nazareno. (...)". (COM, p. 115.)

Eis o tópico desta mensagem que nos interessa neste contexto:

"Homens, tremei! É supremo o momento. É por motivos supremos que do Alto desço até vós. Escutai-me: o mundo será dividido entre aqueles que me compreendem e me seguem e aqueles que não me compreendem e não me seguem. Ai destes últimos! Os primeiros encontrarão asilo seguro em meu coração e serão salvos; sobre os outros a Lei, não mais compensada pelo meu amor, descerá inelutavelmente *e eles serão arrastados por um vendaval sem nome para trevas indescritíveis*".

"(...) Tremei, porque *quando eu já não for o Amor que perdoa e vos protege, serei o turbilhão que tempestua, serei o desencadear dos elementos sem peias, serei a Lei que, não mais dominada pela minha vontade, trazendo consigo a ruína, inexoravelmente explodirá sobre vós*. (...) Ó vós que me admirais, tímidos, no ímpeto da tempestade, admirai-me, antes, no poder que tenho de fazer-me humilde para vós, no saber descer do meu elevado reino à vossa treva; admirai-me nessa força imensa que possuo de constranger meu poder a uma fraqueza que me torna semelhante a vós". (GM, p. 41/3/4.)

André Luiz, transcrevendo palavras de Eusébio:

– "Nos séculos pretéritos, as cidades florescentes do mundo desapareciam pelo massacre, ao gládio dos conquistadores sem entranhas, ou estacionavam sob a onda mortífera da peste desconhecida e não atacada. Hoje, as coletividades humanas ainda sofrem o assédio da espada homicida, e chuvas de bombas arremetem contra populações indefesas; (...)".

"Vossos caminhos *não parecem percorridos por seres conscientes*, mas semelham-se a estranhas veredas, ao longo das quais tripudiam duendes alucinados. Como fruto de eras sombrias, caracterizadas pela opressão e maldade recíprocas, em que temos vivido, odiando-nos uns aos outros, vemos a Terra convertida em campo de quase intérminas hostilidades. Homens e nações perseguem o mito do ouro fácil; criaturas sensíveis abandonam-se aos distúrbios das paixões; cérebros vigorosos perdem a visão interior, encegecidos pelos enganos da personalidade e do autoritarismo. *Empenhados em disputas intermináveis, em duelos formidandos de opinião, conduzidos por desvairadas ambições inferiores,* **os filhos da Terra abeiram-se de novo abismo, que o olhar conturbado não lhes deixa perceber.** (...)". (NMM, p. 28/9.)

Humberto de Campos, em mensagem ditada em 2 de janeiro de 1937, faz a seguinte narrativa:

"Os grandes Espíritos, que sob a tutela amorosa de Jesus dirigem os destinos da Humanidade, reuniram-se *há pouco tempo*, nos planos da erraticidade, para discutirem o método de se estabelecer o Gênio da Paz na face da Terra".

Resumamos. Essa divina plêiade repassou a História da Humanidade, desde as eras mais remotas aos tempos atuais, concluindo que, após tantas lutas e sofrimentos, provavelmente chegara a hora de o gênero humano ver estabelecido em seu seio a Era de Paz profetizada por Jesus. E, ato contínuo, enviaram ao mundo um Mensageiro com a missão de investigar a possibilidade da consecução desse grande projeto.

O solícito Enviado Celeste imergiu na atmosfera fumarenta da Terra e, depois de percorrer todas as nações e atestar o deplorável estado de miséria moral e belicosidade em que se encontravam, retornou abatido e desesperançado às regiões superiores, apresentando de tudo circunstanciado relato, em reunião, às Entidades Veneráveis que o ouviam com penoso assombro...

"A essa altura, quando a confusão de vozes se estabelecia no recinto iluminado, onde se reuniam as falanges espirituais do Infinito, o Gênio da Verdade, que era o supremo diretor desse conclave angélico dos espaços, exclamou gravemente:

– "Calai-vos, meus irmãos!... *Ninguém, na Terra, poderá colocar outro fundamento a não ser o de Jesus Cristo.* A evolução moral dos homens será paga com os mais penosos tributos de sangue das suas experiências. As criaturas humanas conhecerão a fome, a miséria, a nudez, a carnificina e o cansaço, para aprenderem no amor d'Aquele que é o Jardineiro Divino dos seus corações. *Transformarão as suas cidades prestigiosas em ossuários apodrecidos*, para saberem erguer os monumentos projetados no Evangelho do Divino Mestre. Chega de mensagens, de arautos e mensageiros... *No fumo negro da guerra* o homem terá a visão deslumbradora da luz maravilhosa dos planos divinos!...". (CAT, p. 143;148/9.)

Emmanuel:

"Irmãos, entrelaçai os braços e uni corações, em torno do Caminho, da Verdade e da Vida! *Tormentas de dor rondam os castelos da vaidade humana e gênios escuros do morticínio acercam-se das moradias sem alicerces.* Os monstros que devoraram as civilizações dos persas e dos assírios, dos egípcios e dos gregos, dos romanos e dos fenícios espreitam a grandeza fantasiosa dos vossos palácios de ilusão!... Os oráculos que prognosticaram queda e ruína em Persépolis e Babilônia, Tebas e Atenas, Roma e Cartago prenunciam angustiados vaticínios em vossas cidades poderosas... Polvos mortíferos do ódio e da ambição desregrada multiplicam-se no oxigênio terrestre, predizendo misérias e desolação. Trazem a fome e a peste em novos aspectos, desorganizando-vos a vida e desintegrando-vos os celeiros... Todos vivemos tempos dramáticos de prece, expectação e vigília...". (REF, jun/93, pág. 184.)

"(...) *São chegados os tempos em que as forças do mal serão compelidas a abandonar as suas derradeiras posições de domínio nos ambientes terrestres,* e os seus últimos triunfos são bem o penhor de uma reação temerária e infeliz, apressando a realização dos vaticínios sombrios que pesam sobre o seu império perecível".

"Ditadores, exércitos, hegemonias econômicas, massas versáteis e inconscientes, guerras inglórias, organizações seculares, passarão com a vertigem de um pesadelo".

"A vitória da força é uma claridade de fogos de artifício".

"(...) *O século que passa efetuará a divisão das ovelhas do imenso rebanho.* O cajado do pastor conduzirá o sofrimento na tarefa penosa da escolha e a dor se incumbirá do trabalho que os homens não aceitaram por amor".

"*Uma tempestade de amarguras varrerá toda a Terra.* Os filhos da Jerusalém de todos os séculos devem chorar, contemplando essas chuvas de lágrimas e de sangue que rebentarão das nuvens pesadas de suas consciências enegrecidas".

"Condenada pelas sentenças irrevogáveis de seus erros sociais e políticos, a superioridade europeia desaparecerá para sempre, como o Império Romano, entregando à América o fruto das suas experiências, com vistas à civilização do porvir".

"Vive-se agora, na Terra, um crepúsculo, ao qual sucederá profunda noite; *e ao século XX compete a missão do desfecho desses acontecimentos espantosos*".

"(...) Sim, porque *depois da treva surgirá uma nova aurora. Luzes consoladoras envolverão todo o orbe regenerado no batismo do sofrimento*. O homem espiritual estará unido ao homem físico para a sua marcha gloriosa no Ilimitado, e o Espiritismo terá retirado dos seus escombros materiais a alma divina das religiões, que os homens perverteram, ligando-as no abraço acolhedor do Cristianismo restaurado". (ACL, p. 214/5.)

Todos esses Mentores que falaram até aqui, e os que falarão mais adiante, têm um lugar especial nos refolhos de nosso coração. Não nos deixemos iludir, portanto, por certas "imprecisões", mais aparentes que reais, que podem ser encontradas em suas mensagens, quando, nas previsões referentes aos acontecimentos do final do século XX, anunciam que o século que passa efetuará a divisão das ovelhas do imenso rebanho, ou que aí se dará início ao alvorecer da Nova Era. Tudo isto deve ser compreendido sob a perspectiva de uma visão antecipada desses acontecimentos. A cronologia humana e a profética nem sempre são coincidentes, porque uma atua sobre o nômeno e a outra sobre o fenômeno. Muitos eventos que "já aconteceram" no plano espiritual, que é a nascente de tudo o que se corporifica na matéria, ainda aguardam o momento propício para serem implementados no plano físico. Profeticamente falando, pode ser que o século XXI ainda não tenha começado. Talvez comece em dois mil e vinte, trinta, cinquenta ou cem, quem sabe? Não podemos provar o que cogitamos, e ninguém pode provar o contrário. Então, como ficamos? Ficamos nas mãos de Deus, que é o melhor lugar para se ficar.

Os homens – nem todos, felizmente, pois existem as animadoras exceções –, com sua mentalidade amadorística, são mais rápidos no gatilho que Billy the Kid quando se trata de julgar atitudes e pronunciamentos alheios, e "prolatam", em "última instância", "sentenças" absolutas, das quais não cabe apelação, "julgando no *talo de erva* a paisagem linda e imensa", no dizer gostoso de Belmiro Braga. A esses não visamos em nossos escritos.

Não há também, absolutamente, contradição entre esses acontecimentos globais mencionados, alguns de ordem natural e outros produzidos pelo desgoverno humano, com a visão expressa por Allan Kardec, em suas obras, e repercutida por inúmeros doutrinadores espíritas da atualidade, *de uma transição planetária remansosa e pacífica da fase de expiação para a de regeneração*.

O Codificador, em sua imensa sabedoria, estabelece seus argumentos, não como um círculo fechado e engessado que seria facilmente superável no futuro, mas como uma espiral dinâmica, cujas volutas ascendem e se ampliam à medida que novas revelações espirituais ou conquistas legítimas da ciência fossem assimiladas pela porosidade crística da Terceira Revelação, tornando-se, assim, esses argumentos, providencialmente atualizáveis e irrivalizáveis no tempo.

Em página memorável psicografada por Francisco Cândido Xavier, André Luiz estabelece, **como tarefa urgente**, que *os estudiosos sérios da Doutrina devem desentranhar, do Espiritismo, o pensamento vivo de Allan Kardec,* assim como Kardec desentranhou, do Evangelho, o pensamento vivo do Cristo. (EV, p. 20/1.)

Em vista disso, atente o leitor, na explanação seguinte, *quantos contrapontos o Codificador opõe a seus próprios pontos,* para que a Doutrina Espírita mantivesse um profundo equilíbrio interior e estivesse sempre acima e à frente de seu tempo, em qualquer época da Humanidade:

"Assim, pela força das coisas, o Espiritismo terá por consequência inevitável a melhoria moral; esta melhoria conduzirá à prática da caridade, e da caridade nascerá o sentimento da fraternidade. Quando os homens estiverem imbuídos dessas ideias, a elas conformarão suas instituições, e será assim que realizarão, naturalmente e sem abalos, todas as reformas desejáveis. É a base sobre a qual assentarão o edifício do futuro".

"Essa transformação é inevitável, porque está conforme à lei do progresso; mas, *se apenas seguir a marcha natural das coisas, sua realização poderá ainda demorar muito.* Se acreditarmos na revelação dos Espíritos, *está nos desígnios de Deus ativá-la e estamos nos tempos preditos para isso.* A concordância das comunicações a esse respeito é um fato digno de nota; de todos os lados é dito que nos aproximamos da era nova e que grandes coisas irão cumprir-se".

"Todavia, seria um erro acreditar que o mundo está ameaçado por um cataclismo material. Examinando as palavras do Cristo, é evidente que nesta, como em muitas outras circunstâncias, ele falou de maneira alegórica. A renovação da Humanidade, o reino do bem sucedendo ao reino do mal são coisas bastante notáveis que *podem* realizar-se sem que haja necessidade de englobar o mundo num naufrágio universal, nem fazer que apareçam fenômenos extraordinários, nem derrogar as leis naturais. É sempre neste sentido que os Espíritos se têm exprimido".

"Tendo a Terra alcançado o tempo marcado para se tornar uma morada feliz, elevando-se assim na hierarquia dos mundos, basta a Deus não mais permitir aos Espíritos imperfeitos que aqui se reencarnem; que daqui afaste os que, por orgulho, incredulidade e maus instintos constituem obstáculo ao progresso e perturbam a boa harmonia, como procedeis vós mesmos numa assembleia em que necessitais ter paz e tranquilidade e da qual afastais aqueles que a ela possam trazer desordem; como se expulsa de um país os malfeitores, que são degredados em regiões longínquas; que na raça, ou melhor, para nos servirmos das palavras do Cristo, na geração dos Espíritos enviados em expiação à Terra, desapareçam os que se mantiveram incorrigíveis, a fim de serem substituídos por uma geração de Espíritos mais adiantados. Para isto, basta uma geração de homens e a vontade de Deus, que pode, *mediante acontecimentos inesperados, não obstante muito naturais, ativar sua partida daqui*".

"Se, pois, como foi dito, a maior parte das crianças que hoje nascem pertencem à nova geração de Espíritos melhores, e cada dia partindo as piores para não mais voltarem, é evidente que, em dado tempo, haverá uma renovação completa. O que acontecerá com os Espíritos exilados? Irão para mundos inferiores, onde expiarão o seu endurecimento por longos séculos de provas terríveis, pois que também eles são anjos rebeldes que menosprezaram o poder de Deus e se revoltarem contra suas leis, que o Cristo lhes viera recordar".

"Seja como for, nada se faz bruscamente em a Natureza. A velha levedura deixará ainda, durante algum tempo, traços que se apagarão pouco a pouco. Quando os Espíritos nos dizem, e o fazem por toda parte, que nos aproximamos desse momento, não creiais que sejamos testemunhas de uma transformação visível; querem significar que estamos no momento da transição; que assistimos à partida dos antigos e à chegada dos novos, que virão fundar uma nova ordem de coisas, isto é, o reino da justiça e da caridade, que é o verdadeiro reino de Deus, predito pelos profetas, e cujas vias o Espiritismo vem preparar". (VE, p. 93/5.)

Kardec tem toda a razão ao afirmar que a renovação da Humanidade pode realizar-se sem que haja necessidade de englobar o mundo num naufrágio universal, nem fazer que apareçam fenômenos extraordinários ou derrogar as leis naturais. Isto vem acontecendo desde o princípio da Humanidade, quando a comunidade humana começou a apresentar aqueles seres que se destacaram pela conquista de sua iluminação pessoal e foram naturalmente transferidos para esferas ou planetas mais elevados.

O mesmo tem ocorrido até com as civilizações, coletivamente falando, como se vê na resposta à questão 786 de **O Livro dos Espíritos**, onde se aprende que os Espíritos que encarnam num povo degenerado não são os mesmos que o constituíam ao tempo do seu esplendor. Estes, tendo-se adiantado, *mudaram-se para habitações mais perfeitas e progrediram,* enquanto os outros, menos adiantados, tomaram seu lugar, que também deixarão um dia, quando chegar a vez deles.

Embora nada se faça bruscamente na Natureza, Kardec sinaliza que se a essa *transformação inevitável* for permitido seguir apenas a marcha natural das coisas, *sua realização poderá ainda demorar muito*. E acrescenta que, se acreditarmos na revelação dos Espíritos, *está nos desígnios de Deus* **ativá-la** *e estamos nos tempos preditos para isso*. Ativar significa tornar mais enérgico, forte, impetuoso, veemente. Mesmo que não haja necessidade de englobar o mundo num naufrágio universal, nem fazer que apareçam fenômenos extraordinários ou derrogação das leis naturais, admite que Deus **pode**, *mediante acontecimentos inesperados, não obstante muito naturais,* ativar a partida dos Espíritos a serem exilados daqui.

Ao dizer que a renovação da Humanidade **pode** realizar-se sem que haja necessidade de englobar o mundo num naufrágio universal, emprega precavidamente o verbo *poder* (visto que poder é faculdade e não dever), deixando subentendido que assim também, em alguns casos, esses fenômenos *poder*ão se tornar necessários. Às vezes as coisas acontecem bruscamente na História da Humanidade, como, por exemplo, para citar apenas um fato recente, o espantoso tsunami que atingiu, no final de 2004, o sudeste da Ásia, deixando milhares de mortos. Tais fenômenos podem ser considerados extraordinários e inesperados, mas não são derrogatórios das leis naturais, e concorrem para a *transformação inevitável* da Humanidade.

Os fatos futuros que vimos estudando aqui, susceptíveis de acontecer na esteira do tempo, estão perfeitamente enquadrados na explanação de Allan Kardec, porque são naturais, não derrogam as Leis Divinas, e não são *determinantes* da regeneração da Humanidade, mas *concorrentes*. Os fatos determinantes da evolução e, por conseguinte, da regeneração, como sabemos, são de duas ordens: o esforço pessoal perseverante para a conquista de novos cimos espirituais, e a dor que acicata os que esmorecem no caminho, ou estagnam, ou se posicionam, revoltados, contra a Lei de Deus. Como o Codificador afirma que está nos desígnios de Deus *ativar* esses acontecimentos (pois, se deixados à marcha natural das coisas, poderão demorar muito), nada impede que sejam apenas catalisadores dessa marcha evolutiva.

Certamente o Cristo, que criou este planeta e tem a responsabilidade perante Deus pela evolução de todos os seres que o habitam, estabeleceu também as necessárias **coincidências** *entre a eclosão de fenômenos físicos planetários e as depurações morais coletivas,* para que o processo se desenvolvesse da maneira mais natural e econômica possível, sem excluir algumas épocas de pico, em que haveria guerras entre as nações, fomes, terremotos e mil outras tribulações.

Tudo isso – como explanado antes – está na linha das maiores probabilidades.

Encontramos também na Doutrina Espírita outras mensagens de alta relevância, escritas por entidades superiores, que nos levam a profundas reflexões sobre o tema. É claro que todos desejamos que a transição do planeta, de fase de provas e expiações para fase de regeneração, transcorra na mais absoluta regularidade, sob um céu de brigadeiro, sem nos tirar o sono nem nos incomodar em nossos negócios terrenos. Entretanto, as profecias proferidas pelo Cristo e por seus profetas às vezes apontam numa direção em que a Misericórdia divina nem sempre se apresenta ao homem sem a escolta armada da Justiça, lembrando-nos a contundência da admoestação do salmista: "Se o homem não se converter, afiará Deus a sua espada". (Sl. 7:12.)

Basta um rápido olhar para o nível de saturação negativa em que se encontra hoje a Humanidade e a velocidade alucinante com que ela avança para o desatino total, na contramão dos ensinos do Cristo, para se prever, sem ser nem mesmo aspirante a profeta, que placebo e xarope não serão os remédios aplicados. O quadro clínico é muito grave e grande parcela das profecias está apontando para o tratamento de choque.

Medite o leitor sobre o quadro seguinte, condensado de um contexto mais vasto, em que a palavra da entidade comunicante, reverberando o conteúdo de várias previsões dos profetas do Velho Testamento, dos Evangelhos e do Apocalipse, traça uma perspectiva realista e terrificante dos acontecimentos que hão de vir. O ente como que se transporta no tempo e, alternando épocas e prismas de sua visão – às vezes posicionando-se no passado, às vezes no presente, às vezes no futuro, à semelhança de João Evangelista no Apocalipse –, transmite a seus irmãos da crosta o que lhe foi permitido vislumbrar dentre as brumas do porvir:

***

Volvamos um olhar retrospectivo para o passado. Contemplemos os homens do século XX movimentando-se em torno dos seus objetivos e consideremos, numa análise sucinta, as suas realizações.

Esse século viu surgir o avião, o radar, a desintegração do átomo.

Muitos e notáveis acontecimentos se deram no período de cem anos.

Duas grandes guerras revolucionaram o pensamento dos homens, e estes, na ânsia do imediatismo, empolgaram-se pelos gozos e prazeres fáceis.

Descurou-se da moral, afrouxaram-se os costumes, escravizou-se ao dinheiro.

Qualquer indivíduo, por menos digno que fosse, tendo a bolsa recheada, era recebido com demonstrações de deferência no seio de uma sociedade corrupta.

A promiscuidade dos seres das diversas camadas sociais facilitava o deturpamento da moral, e as chamadas elites, com um contingente de hipocrisia, contribuíam para a degenerescência dos costumes.

Festas mundanas onde os instintos afloravam com impetuosidade eram promovidas com subvenções dos governos que se misturavam ao povo na ânsia de desfrutar momentos de concupiscência.

Deprimentes e vergonhosas, essas festas mais pareciam bacanais romanas ao tempo dos césares.

Todavia, a par dessas festividades desenfreadas, ocorriam fatos entristecedores de crianças famintas perambulando pelas ruas, estendendo as mãos à caridade pública.

Vivia-se uma vida fictícia, cheia de contrastes macabros, onde o supérfluo insultava a miséria por entre o roçagar de sedas sobre trapos.

Quem pudesse reviver essa época de fausto e pesadelos, sentiria naturalmente nojo e piedade, ao mesmo tempo, pelos homens que a viveram.

— — —

Aproximam-se os dias da grande hecatombe. Bombas arrasadoras destruirão cidades, vilas, povoações. Um inferno de fogo crestará o solo, o sangue tingirá de rubro as águas, gases mortíferos empestarão a atmosfera, micróbios serão conduzidos pelas correntes aéreas. Povos inteiros serão dizimados, nações civilizadas desaparecerão. Depois, quando a Terra expõe a face nua de seres viventes, *os elementos desencadeados pelas convulsões físicas* completarão o drama dos mortais.

Chorareis a dureza de vossos corações, maldireis o egoísmo e a ambição. Buscareis, tardiamente, penitenciar-vos de vossos males. Recuareis nos vossos propósitos belicosos e compreendereis o sentido de vossas responsabilidades. Tereis a alma assaltada por amarguras infinitas, apertando o coração. Reabsorvereis, por efeito da lei de causa e efeito, o mal acumulado em vós mesmos.

Só então, homens, passareis a desfrutar de paz, sob o signo da concórdia, já que a guerra, com todos os seus horrores, vos fez palmilhar outras sendas.

Até lá, sereis visitados por inúmeras dores que vos farão meditar nas consequências do pecado.

— — —

Quanto mais se arma, mais seguro, aparentemente, o homem se julga.

Presenciamos, em linhas gerais, as consequências do desatino humano.

Em razão do superarmamento, as nações se destroem. Os povos, tomados de furor, empenham-se em lutas titânicas. *Todas as possibilidades técnicas e científicas são postas em prática* e as nações se empenham em desfechar o golpe de misericórdia *antes que sejam apanhadas se surpresa*.

Vivem-se dias de angustiosa expectativa e os povos são assoberbados por problemas insolúveis. Por mais que fale o bom-senso, os governos se mantêm surdos às advertências. Nada os detém na corrida sanguinária, e dentro de poucos dias os continentes estarão arrasados.

Misericórdia, meu Deus, para os loucos que se comprazem em demonstrações de poderio bélico, pois muito em breve habitarão hospícios em conformidade com o seu grau de desequilíbrio.

— — —

Uma guerra inconcebível varrerá da face da Terra *a terça parte* dos seres viventes. Homens e animais desaparecerão na voragem da carnificina. *Ilhas e continentes se submergirão sob a avalanche das águas*. Quando a tormenta se desencadear, o vendaval das paixões carregará para os abismos os frutos apodrecidos de uma civilização falida.

— — —

O desencadear da tormenta, *iniciado na Itália, entre católicos e comunistas,* alastrou-se rapidamente pelos Bálcãs e em breve envolveu o mundo todo.

— — —

Na distante Europa os exércitos se enfrentam numa fúria assassina, os canhões disparam ininterruptamente, os aviões despejam bombas arrasadoras, as cidades se incendeiam, as vidas se consomem e o mundo marcha para os acontecimentos apocalípticos.

Qual fantasma em noite escura, o velho continente assombra pela intensidade da luta cruenta que se desenrola à sua superfície. O mundo permanece em expectativa dolorosa, e as nações se preparam, febrilmente, para intervir, de um e de outro lado dos contendores. Até agora a luta permanece indecisa e não se pode ajuizar quem sairá vencedor.

As grandes potências aprestam-se, contudo, para intervir ativamente, e o momento se aproxima em que outros povos participarão do conflito. Como gigantes alados os aviões não dão tréguas às populações indefesas e os homens fogem, espavoridos, para os campos, em busca de um abrigo problemático.

Nada se compara, em grandeza trágica, ao que presenciamos. Horrores inimaginados, brutalidade, destruição... E o homem, qual pigmeu num mundo imenso, sozinho com sua dor, chora desesperadamente.

Atroam nos ares os tiros das artilharias. Escurecem os céus os fumos dos incêndios. Roncam nos ares os gigantes do espaço. Uivos de dor, imprecações, corpos estraçalhados... E a guerra, megera insaciável, devora vidas, destrói cidades, aniquila povos.

Colosso de Rodes, com corpo de ferro e pés de barro, o homem se devora numa ânsia insaciável de devorar os outros homens. Inapelavelmente, a humanidade caminha para o aniquilamento total.

A Terra é um caos. Qual fantasma da dor, a sua superfície se acha crestada pelo fogo das bombas atômicas, as suas cidades arrasadas, a sua população dizimada.

Quem a contemplasse sem jamais a ter conhecido, dificilmente acreditaria ter aí existido uma civilização avançada, em que os homens, orgulhosos dos seus conhecimentos científicos, se tivessem autodestruído pela ambição desmedida que tanto caracterizava o egoísmo que a encarnava.

Infelizes criaturas, eivadas de prejuízos incontáveis, davam-se à conta de semideuses, sorvendo nos falsos prazeres do materialismo embrutecedor a gota amarga da desdita que para si mesmos tramavam. Esquecidos das responsabilidades perante o Criador do mundo, mergulhavam-se nas trevas e nos abismos, certos de que seu poderio jamais seria ultrapassado. Envidavam inauditos esforços na construção de máquinas destruidoras, onerando o orçamento de suas pátrias com pesados encargos para manterem, invictos, a soberania nacional.

Julgavam-se senhores e, contudo, não passavam de míseros escravos. Submetiam-se a todas as disciplinas para se transformarem em oficiais brilhantes que ostentavam, à face das multidões miseráveis, garbosos uniformes que tão bem condiziam com a mentalidade belicosa da época.

– – –

A terra está crestada; os continentes, arrasados; os povos, dizimados. Um véu de mortalha cobre a natureza. O silêncio é profundo. Onde antes existiam cidades barulhentas, agora existem cinzas e escombros.

As ruínas foram extensas. Nações inteiras desapareceram na voragem da destruição. França, Itália, Alemanha, países que se ufanavam de possuir conhecimentos científicos, literários e artísticos, são espectros fumegantes. Nenhum estado europeu escapou à hecatombe. O continente é um deserto povoado por duendes.

A Rússia, por sua vez, entre os extremos da Europa e da Ásia, apresenta um aspecto desolador. Suas cidades sofreram o impacto tremendo dos bombardeios atômicos e o que a salvou da destruição total foi a extensão do seu território.

China... a terra dos deuses e dos mandarins, com uma tradição de milênios, é um montão de ruínas. Onde estão os seres que superlotavam suas cidades? Onde estão aqueles que, sonhando com glórias efêmeras, acalentaram o ideal de domínio do mundo?

Japão misterioso de imperadores e gueixas formosas... o que foi feito das ilhas que constituíram teu império?...

E tu, Índia, de castas e párias, de sacerdotes de Brama e templos inacessíveis, dize-nos por onde andam os teus filhos?

– – –

Aos bombardeios atômicos, desumanos e impiedosos, *sucederam-se as convulsões geológicas*. Os elementos, na sua fúria destruidora, *arrastaram para as profundezas dos oceanos partes enormes de continentes arrasados*. Os gelos polares, *por efeito da verticalidade da Terra,* deslocaram-se abruptamente, inundando vastas regiões. As águas cobriram extensões imensas de terras e a parte habitável dos continentes *foi reduzida de um terço.* Os mares estenderam os seus domínios e as terras recuaram nas suas proporções.

Foi um verdadeiro dilúvio universal.

— — —

Povos inteiros desapareceram sob a impetuosidade dos elementos desencadeados após a carnificina horrenda que destruiu as seculares realizações humanas. França, Inglaterra, Itália, ilhas mediterrâneas, por só falarmos da Europa, desapareceram sob a avalanche das águas.

Na Ásia distante, as ilhas que constituíram o império nipônico, a Austrália e muitas outras ilhas ficaram submersas. O continente africano tem outro aspecto.

— — —

A Europa é um cemitério. A Ásia e a África, desertos. Parte das Américas está horrivelmente mutilada. As ilhas atlânticas da América Central também se ocultaram sob o vasto lençol das águas.

América... Os teus estadistas lutaram por um mundo melhor. Nas duas grandes guerras que precederam a hecatombe, foste o baluarte do mundo livre. Sonhaste construir um mundo melhor, dentro dos princípios de liberdade humana. Por tua inspiração nasceu uma grande organização cujo objetivo era defender o direito das gentes. Contudo, o teu sonho se transformou em fracasso e as tuas ruínas atestam a brutalidade da tragédia que te envolveu.

Só o Brasil e as repúblicas sul-americanas suas irmãs ficaram incólumes. O que mais resta mostra, nas suas feridas, a virulência do mal desencadeado à face do planeta.

Nações sul-americanas, poupou-vos o Senhor do desastre coletivo. Acompanhai vossa irmã brasileira na obra de redenção humana, seguindo-lhe as pegadas na exemplificação do amor.

O Brasil pouco sofreu. Por um destino providencial, seu território foi preservado. A Pátria do Cruzeiro, sob a vigilante atenção do Cordeiro, permanece à margem do conflito que destrói, horrivelmente, todas as realizações seculares do homem.

O Brasil, pela bondade de seu povo, pela vastidão de seu território, por seu desenvolvimento agrícola e industrial é, no momento desta narrativa, a maior potência do mundo. *Seu território está apto a receber inúmeras levas de emigrados,* os quais, no contato com sua natureza prodigiosa, se recuperarão do traumatismo provocado pela guerra e integrarão o seu patrimônio humano.

Da miscigenação dessa gente com o povo brasileiro *surgirá uma nova raça* mais vigorosa e capaz para a realidade do terceiro milênio.

– – –

Deus:

Nesta hora grave para a humanidade, permite, Senhor, que do além-túmulo a voz dos teus filhos chegue aos ouvidos de seus irmãos.

Faze que nas suas almas brilhe a luz de nossas advertências, para que eles, alertas e conscientes de suas responsabilidades, compreendam o momento decisivo que decidirá dos seus destinos.

Não te canses, Pai, de ouvir-nos. Somos, ainda, bastante pequeninos para compreender Tua Vontade. Contudo, nos atrevemos a implorar-Te misericórdia para os que dormem no mal e no indiferentismo.

Concede-nos a graça de tocar-lhes a alma endurecida, para que eles, ainda enquanto é tempo, possam retroceder sobre seus passos e trilhar o caminho da salvação.

Desde os profetas bíblicos até os tempos modernos, quando os médiuns pululam por toda parte, os espíritos se manifestam aos encarnados e advertências têm sido feitas aos homens da aproximação dos tempos.

Todavia, Senhor, por ignorância ou rebeldia eles se mostram céticos à voz das profecias e, incautos, prosseguem cultivando os vícios de toda espécie.

Perdoa-lhes, mais uma vez, Pai de misericórdia, e dá-lhes senso bastante para que compreendam a gravidade do instante que vivem. (OTM, *passim*.)

***

Fato digno de nota é a revelação acima de que a centelha fatal, o estopim e o rastilho de fogo que darão início à Terceira Guerra Mundial partirão da Itália. Essa mesma informação recebeu Kardec, quando interrogou as entidades comunicantes sobre a origem do grande conflito:

Pergunta (a Hahnemann) – A comunicação há dias dada faz presumir, ao que parece, acontecimentos muito graves. Poderás dar-nos algumas explicações a respeito?

Resposta – Não podemos precisar os fatos. O que podemos dizer é que *haverá muitas ruínas e desolações,* pois são chegados os tempos preditos de uma renovação da Humanidade.

P. – Quem causará essas ruínas? Será um cataclismo?

R. – Nenhum cataclismo de ordem material haverá, como o entendeis, *mas flagelos de toda espécie assolarão as nações; a guerra dizimará os povos; as instituições vetustas se abismarão em ondas de sangue.* Faz-se mister que o velho mundo se esboroe, para que uma nova era se abra ao progresso.

P. – A guerra não se circunscreverá então a uma região?

R. – Não, *abrangerá a Terra.*

P. – Nada, entretanto, neste momento, parece pressagiar uma tempestade próxima.

R. – As coisas estão por fio de teia de aranha, meio partido.

P. – Poder-se-á, sem indiscrição, perguntar donde partirá a primeira centelha?

R. – *Da Itália.* (OP, p. 278/9.)

Veja o leitor como nada, em matéria de previsão do futuro, deve ser tomado em sentido literal ou imediatista. Aquele fio de teia de aranha meio partido, a que se refere a entidade comunicante, e que seria presumivelmente a época do início do grande conflito, continua se esgarçando um século e meio depois, sob o peso da espada de Dâmocles, mas ainda não se arrebentou no que se refere à guerra final. É claro que tivemos várias guerras desde então, inclusive duas de âmbito mundial, e a previsão pode ser aplicada parcialmente a elas. Mas no que tange à terceira e última guerra, cuja centelha partirá da Itália, o fato ainda aguarda implementação.

Em relação às cenas catastróficas desse período convulso, à impossibilidade de se encontrar um local seguro onde se esconder e ao desespero dos homens de todos os estratos e condições sociais, ouçamos o Apocalipse, 6:15/7:

"Os reis da terra, os grandes, os comandantes, os ricos, os poderosos, e todo escravo e todo livre se esconderam nas cavernas e nos penhascos dos montes, e disseram aos montes e aos rochedos: *Caí sobre nós,* e escondei-nos da face daquele que se assenta no trono, e da ira do Cordeiro, porque chegou o grande dia da ira deles; e quem poderá sobreviver?"

Reproduzindo a voz do próprio Cristo, diz Emmanuel:

"Quando a escuridão se fizer mais profunda nos corações da Terra, *determinando a utilização de todos os progressos humanos para o extermínio, para a miséria e para a morte,* derramarei minha luz sobre toda a carne e todos os que vibrarem com o meu reino e confiarem nas minhas promessas, ouvirão as nossas vozes e apelos santificadores!..."

"(...) Sim! amados meus, porque o dia chegará no qual todas as mentiras humanas hão de ser confundidas pela claridade das revelações do céu. Um sopro poderoso de verdade e vida varrerá toda a Terra, *que pagará, então, à evolução dos seus institutos, os mais pesados tributos de sofrimentos e de sangue...* Exausto de receber os fluidos venenosos da ignomínia e da iniquidade de seus habitantes, *o próprio planeta protestará contra a impenitência dos homens, rasgando as entranhas em dolorosos cataclismos...* As impiedades terrestres formarão pesadas nuvens de dor que rebentarão, na face escura da Terra e, então, das claridades da minha misericórdia, contemplarei meu rebanho desditoso e direi como os meus emissários: "Ó Jerusalém, Jerusalém!..."

"(...) Trabalharemos com amor, na oficina dos séculos porvindouros, reorganizaremos todos os elementos destruídos, examinaremos detidamente todas as ruínas buscando o material passível de novo aproveitamento e, quando as instituições terrestres reajustarem a sua vida na fraternidade e no bem, na paz e na justiça, *depois da seleção natural dos Espíritos e dentro das convulsões renovadoras da vida planetária,* organizaremos para o mundo um novo ciclo evolutivo, consolidando, com as divinas verdades do Consolador, os progressos definitivos do homem espiritual". (H2A, p. 353/5.)

Continuemos ouvindo a palavra dos orientadores do Alto:

"Não vos acabrunheis com a perspectiva *dessas catástrofes;* antes, preparai-vos para delas sairdes vencedores, isto é: purificados, tendo deixado o homem velho entre os destroços do velho mundo e renascendo no planeta renovado. Não vos preocupeis mais do que convenha com o que há de suceder materialmente. Esforçai-vos por preparar o futuro da Humanidade, trabalhando pela melhoria do seu presente". (OQE, 3º vol., p. 332.)

"Como todos os mundos já formados e todos os que se hão de formar na imensidade e na eternidade, segundo as leis naturais e imutáveis estabelecidas por Deus, (...) o vosso planeta saiu dos fluidos impuros, depois chegou, progressivamente, ao estado material, donde passará, num progredir contínuo, a estados cada vez menos materiais, até chegar, por sucessivas transformações, ao de pura fluidez, no qual ele e a humanidade a que serve de morada se encontrarão livres de todas as impurezas da matéria".

"Sim, *cada abalo, cada deslocamento do mundo terráqueo* serve para levá-lo à transformação. Deveis compreender que, chamado a desempenhar outras funções, não pode ele permanecer no mesmo meio. Com o correr dos tempos e mediante esses *gradativos deslocamentos,* a Terra tomará lugar nas *regiões dos fluidos sutis,* onde tendes que viver". (OQE, vol. 2º vol., p. 249.)

"A transformação mediante a qual o vosso planeta, depois de passar do estado material a estados sucessivamente menos materiais, atingirá o estado fluídico, não se operará, assim como a transformação pessoal, instantaneamente".

"Para lá chegardes, a natureza dos elementos que vos compõem mudará parcialmente e, para que o equilíbrio não deixe de existir, toda a massa tem que se deslocar e mudar gradualmente de direção, conseguintemente de atmosfera, em busca de um meio próprio sempre a equilibrá-la. *Afastando-se do centro gradualmente, pelo seu deslocamento,* a esfera terrestre irá pouco a pouco se avizinhando do meio que terá de ocupar no momento da vossa transformação". (OQE, 3º vol., p. 327/7.) (Grifo do original.)

"A verdade está no que se vos diz, mas, *em certos casos,* não o está *completa.* Nem tudo se vos revelou ainda, pois que ainda não estais suficientemente amadurecidos. As revelações correspondem sempre às necessidades do momento e preparam os tempos vindouros. O homem repele isto, porque o seu orgulho lhe diz que ele se acha apto a compreender tudo e com forças para tudo receber. Não quer admitir que apenas saiu da infância e que só pouco a pouco, *depois que haja aberto mão de todas as frivolidades,* o véu irá sendo gradualmente levantado, para lhe deixar ver progressivamente a verdade". (OQE, 3º vol., p. 317.)

Há também outros vaticínios de grande importância, a se realizarem concomitantemente com esses já mencionados, que devem exigir dos estudiosos uma apreciação mais acurada. Por exemplo, a profecia do sonho do rei Nabucodonosor, citada anteriormente (que deverá realizar-se nos *últimos dias*) sobre a grande e espantosa estátua – de ouro, prata, bronze, ferro e barro –, constante do capítulo 2 de Daniel. Essa estátua, que simboliza as nações mais poderosas do mundo atual, nesta volta cíclica planetária, será reduzida a pó por uma pedra cortada do monte, *sem auxílio de mãos humanas.* Os próximos acontecimentos internacionais irão certamente esboçar o desenvolvimento desse vaticínio com mais vigor, indicando, por sua condução, o rumo a ser tomado pela indagação espiritual.

Antes do surgimento do avião e do lançamento de bombas incendiárias sobre as populações indefesas, inclusive a bomba atômica, seria quase impossível compreender a predição de que a besta (ou seja, o poder bélico desenfreado, pertença a que nação pertencer) faria descer fogo do céu. (Apoc. 13:13.) É preciso, pois, estar atento ao desenrolar dos acontecimentos. É evidente que Deus quer nos alertar, mas sob a condição de que queiramos ser alertados, de que nos interessemos pela compreensão de Sua mensagem divina. (Apoc. 1:3.)

Da mesma forma, tenha presente o leitor que as conclusões articuladas acima foram fundadas na lógica, na razão, na pesquisa doutrinária, no cotejo cruzado das várias predições e na mais conscienciosa análise histórico-profética, sem esquecer, porém, que este trabalho é realizado no campo sublime e quase indevassável das profecias, onde somente o Cristo é Senhor. A profecia é divina, mas esta análise é, infelizmente, humana.

Se, como advertiu Kardec, *o Espiritismo é uma ciência que não se aprende brincando* e nem *por osmose* (IAK, p. 107 e 52, respectivamente), que se dirá da ciência profética? O mínimo que se pode dizer é que é um tremendo desafio, um repto cósmico, único, *hors-concours.* E o que se faz aqui? Levanta-se o véu, convida-se à análise, roga-se o contributo fraterno, conta-se com a compreensão das pessoas de boa vontade.

Se tudo isto ou parte disto acontecer, o mérito é da profecia, cuja inerrância, dada sua origem celeste, se patenteia dia a dia aos olhos dos observadores lúcidos; mas se tudo isto ou parte disto não acontecer, o equívoco é do intérprete, porque a palavra de Deus permanecerá intangível, e espera-se que o leitor não descreia da profecia por causa da falibilidade humana.

Esses fatos extraordinários, apresentados aqui de forma condensada, sintetizam em poucas páginas acontecimentos de ordem planetária amadurecidos durante milênios. Como dito anteriormente, não são recursos improvisados de afogadilho, de aplicação *ex-abrupta*. Representam o clímax da crise a que chegará o planeta (conforme revelação de Jesus em Mateus, 24:15/28), em decorrência de um multimilenar processo evolutivo e seletivo da espécie humana, no qual *revoluções morais e perturbações físicas* se conjugam permanentemente, como o demonstra a História, até que se inicie um novo ciclo de regeneração da Humanidade.

Muitas vezes, nas décadas futuras, em seu desvario e em sua ganância de poder, as nações chegarão à beira do caos, a um passo do Armagedon. Mas sempre que isto ocorrer, serão contidas pelos quatro anjos apocalípticos (Apoc. 7:1), por determinação divina, a fim de que a Guerra Final não venha a eclodir *senão quando os acontecimentos precursores apresentados acima* (assim como outros que virão à luz futuramente) *já estiverem devidamente implementados*. É o que poderá acontecer, já que nem um i ou um til passará da lei enquanto não se concretizarem todos os fatos profetizados para esse período que vai do princípio da dores até o Armagedon.

O conhecimento das profecias, com sua densa bagagem de transformações, não atemoriza os verdadeiros servidores de Deus, conforme a palavra de Jesus: "Quando essas coisas começarem a acontecer, levantai as vossas cabeças, porque a vossa redenção está próxima". E sua finalidade, estabelecida por Deus, como assinalamos no início, é revelar a Seus servidores *as coisas que em breve devem acontecer.* (Apoc. 1:1.) Não seria depreciar muito a profecia, empanando um de seus mais proveitosos aspectos, negar a possibilidade de sua revelação e a importância de seu conhecimento *a priori?* Muitas vezes Jesus disse, alertando Seus discípulos: "Vede que vo-lo tenho predito!"

É, portanto, para o remanescente da Humanidade no período da Nova Era esta promessa de Nosso Senhor Jesus Cristo:

"Nada temais, ó pequenino rebanho, pois aprouve ao Senhor Deus vos dar o Seu Reino". *(Lucas, 12:32.)*

E, no rebojar de todos esses acontecimentos, a missão fraternista e unificadora do Brasil, como um remansoso oásis de esperança e fé – um facho aceso no meio da escuridão –, está perfeitamente delineada nestes apontamentos de Humberto de Campos, na sua grande obra sobre a missão coletiva de um povo:

– "Para esta terra maravilhosa e bendita [diz Jesus, referindo-se ao Brasil] será transplantada a árvore do meu Evangelho de piedade e de amor. No seu solo dadivoso e fertilíssimo, todos os povos da Terra aprenderão a lei da fraternidade universal. Sob estes céus serão entoados os hosanas mais ternos à misericórdia do Pai Celestial. (…) Aproveitaremos o elemento simples de bondade, o coração fraternal dos habitantes destas terras novas, e, mais tarde, ordenarei a reencarnação de muitos Espíritos já purificados no sentimento da humildade e da mansidão, entre as raças oprimidas e sofredoras das regiões africanas, para formarmos o pedestal de solidariedade do povo fraterno que aqui florescerá, no futuro, a fim de exaltar o meu Evangelho, nos séculos gloriosos do porvir. Aqui, (…) sob a luz misericordiosa das estrelas da cruz, ficará localizado o coração do mundo!"

(…) A região do Cruzeiro, *onde se realizará a epopeia do meu Evangelho*, estará, antes de tudo, ligada eternamente ao meu coração. (…) Sobre a sua volumosa extensão pairará constantemente o signo da minha assistência compassiva e a mão prestigiosa e potentíssima de Deus pousará sobre a terra de minha cruz, com infinita misericórdia. As potências imperialistas da Terra esbarrarão sempre nas suas claridades divinas e nas suas ciclópicas realizações. Antes de o estar ao dos homens, é ao meu coração que ela se encontra ligada para sempre".

A estas palavras, comenta com uma serena visão de futuro o escritor espiritual:

"Foi por isso que o Brasil, onde confraternizam hoje todos os povos da Terra e *onde será modelada a obra imortal do Evangelho do Cristo*, muito antes do Tratado de Tordesilhas, que fincou as balizas das possessões espanholas, trazia já, em seus contornos, *a forma geográfica do coração do mundo*". (BCMPE, p. 23/5 e 32/3.)

Fim

Adendo 1: A Grande Transição

A Grande Transição

Joanna de Ângelis

Opera-se, na Terra neste largo período, a grande transição anunciada pelas Escrituras e confirmada pelo Espiritismo.

O planeta sofrido experimenta convulsões especiais, tanto na sua estrutura física e atmosférica, ajustando as suas diversas camadas tectônicas, quanto na sua constituição moral.

Isto porque, os espíritos que o habitam, ainda caminhando em faixas de inferioridade, estão sendo substituídos por outros mais elevados que o impulsionarão pelas trilhas do progresso moral, dando lugar a uma era nova de paz e de felicidade.

Os espíritos renitentes na perversidade, nos desmandos, na sensualidade e vileza, estão sendo recambiados lentamente para mundos inferiores onde enfrentarão as consequências dos seus atos ignóbeis, assim renovando-se e predispondo-se ao retorno planetário, quando recuperados e decididos ao cumprimento das leis de amor.

Por outro lado, aqueles que permaneceram nas regiões inferiores estão sendo trazidos à reencarnação, de modo a desfrutarem da oportunidade de trabalho e de aprendizado, modificando os hábitos infelizes a que se têm submetido, podendo avançar sob a governança de Deus.

Caso se oponham às exigências da evolução, também sofrerão um tipo de expurgo temporário para regiões primárias entre as raças atrasadas, tendo o ensejo de ser úteis e de sofrer os efeitos danosos da sua rebeldia.

Concomitantemente, espíritos nobres que conseguiram superar os impedimentos que os retinham na retaguarda, estarão chegando, a fim de promoverem o bem e alargarem os horizontes da felicidade humana, trabalhando infatigavelmente na reconstrução da sociedade, então fiel aos desígnios divinos.

Da mesma forma, missionários do amor e da caridade, procedentes de outras Esferas, estarão revestindo-se da indumentária carnal para tornar essa fase de luta iluminativa mais amena, proporcionando condições dignificantes que estimulem ao avanço e à felicidade.

Não serão apenas os cataclismos físicos que sacudirão o planeta, como resultado da lei de destruição, geradora desses fenômenos, como ocorre com o outono que derruba a folhagem das árvores, a fim de que possam enfrentar a invernia rigorosa, renascendo exuberantes com a chegada da primavera, *mas também os de natureza moral, social e humana que assinalarão os dias tormentosos, que já se vivem.*

Os combates apresentam-se individuais e coletivos, *ameaçando de destruição a vida com hecatombes inimagináveis.*

A loucura, decorrente do materialismo dos indivíduos, atira-os nos abismos da violência e da insensatez, ampliando o campo do desespero que se alarga em todas as direções.

Esfacelam-se os lares, desorganizam-se os relacionamentos afetivos, desestruturam-se as instituições, as oficinas de trabalho convertem-se em áreas de competição desleal, as ruas do mundo transformam-se em campos de lutas perversas, levando de roldão os sentimentos de solidariedade e de respeito, de amor e de caridade...

A turbulência vence a paz, o conflito domina o amor, a luta desigual substitui a fraternidade.

... Mas essas ocorrências são apenas o começo da grande transformação.

A fatalidade da existência humana é a conquista do amor que proporciona plenitude

Há, em toda a parte, uma destinação inevitável, que expressa a ordem universal e a presença de uma Consciência Cósmica atuante.

A rebeldia que predomina no comportamento humano elegeu a violência como instrumento para conseguir o prazer que lhe não chega de maneira espontânea, gerando lamentáveis consequências, que se avolumam em desaires contínuos.

É inevitável a colheita da sementeira por aquele que a fez, tornando-se rico de grãos abençoados ou de espículos venenosos.

Como as leis da vida não podem ser derrogadas, toda objeção que se lhes faz converte-se em aflição, impedindo a conquista do bem-estar.

Da mesma forma, como o progresso é inevitável, o que não seja conquistado através do dever, sê-lo-á pelos impositivos estruturais de que o mesmo se constitui.

A melhor maneira, portanto, de compartilhar conscientemente da grande transição é através da consciência de responsabilidade pessoal, realizando as mudanças íntimas que se tornem próprias para a harmonia do conjunto.

Nenhuma conquista exterior será lograda se não proceder das paisagens íntimas, nas quais estão instalados os hábitos. Esses, de natureza perniciosa, devem ser substituídos por aqueles que são saudáveis, portanto, propiciatórios de bem-estar e de harmonia emocional.

Na mente está a chave para que seja operada a grande mudança. Quando se tem domínio sobre ela, os pensamentos podem ser canalizados em sentido edificante, dando lugar a palavras corretas e a atos dignos.

O indivíduo que se renova moralmente, contribui de forma segura para as alterações que se vêm operando no planeta.

Não é necessário que o turbilhão dos sofrimentos gerais o sensibilize, a fim de que possa contribuir eficazmente com os espíritos que operam em favor da grande transição.

Dispondo das ferramentas morais do enobrecimento, torna-se cooperador eficiente, em razão de trabalhar junto ao seu próximo pela mudança de convicção em torno dos objetivos existenciais, ao tempo em que se transforma num exemplo de alegria e de felicidade para todos.

O bem fascina todos aqueles que o observam e atrai quantos se encontram distantes da sua ação, o mesmo ocorrendo com a alegria e a saúde.

São eles que proporcionam o maior contágio de que se tem notícia e não as manifestações aberrantes e afligentes que parecem arrastar as multidões. Como escasseiam os exemplos de júbilo, multiplicam-se os de desespero, logo ultrapassados pelos programas de sensibilização emocional para a plenitude.

A grande transição prossegue, e porque se faz necessária, a única alternativa é examinar-lhe a maneira de como se apresenta e cooperar para que as sombras que se adensam no mundo sejam diminuídas pelo Sol da imortalidade.

Nenhum receio deve ser cultivado, porque, mesmo que ocorra a morte, esse fenômeno natural é veículo da vida que se manifestará em outra dimensão.

A vida sempre responde conforme as indagações morais que lhe são dirigidas.

As aguardadas mudanças que se vêm operando trazem uma ainda não valorizada contribuição, que é a erradicação do sofrimento das paisagens espirituais da Terra. Enquanto viceje o mal no mundo, o ser humano torna-se-lhe vítima preferida, em face do egoísmo em que se estorcega, apenas por eleição espiritual.

A dor momentânea que o fere convida-o, por outro lado, à observância das necessidades de seguir a correnteza do amor no rumo do oceano da paz.

Logo passado o período de aflição, chegará o da harmonia.

Até lá, que todos os investimentos sejam de bondade e de ternura, de abnegação e de irrestrita confiança em Deus.

(Página psicografada pelo médium Divaldo Pereira Franco, em 30 de julho de 2006, no Rio de Janeiro, RJ e publicada na revista **Presença Espírita***, setembro/outubro de 2006, nº 256, páginas 28 e 29. Texto colhido na Internet.)*

Adendo 2: As Placas Tectônicas

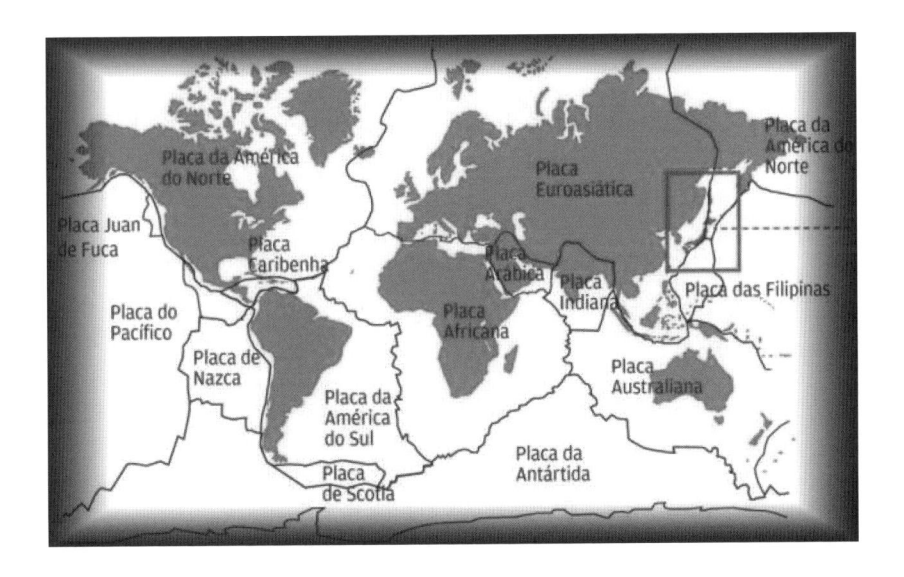

Placas tectônicas

Placas tectônicas são blocos rochosos, alguns de dimensões continentais, que dão sustentação à superfície da Terra.

Cada placa resulta de "colagens" de placas anteriores, formadas há milhões de anos. Por isso, sua formação é cheia de falhas.

Basicamente, é a movimentação dessas falhas que provoca terremotos. Podem causar também deslizamentos de terra, tsunamis e até mudanças na rotação do planeta.

O Brasil está situado mais para o centro da placa da América do Sul e o movimento dessa placa é de afastamento da placa que lhe está defronte, a placa Africana. Daí a possibilidade menor de ocorrência de terremotos.

O arquipélago do Japão (no retângulo) está situado entre três placas tectônicas – as placas Eurasiana, das Filipinas e do Pacífico. Isto ajuda a explicar a frequência com que o país oriental sofre abalos sísmicos e a magnitude com que isso acontece.

Fonte: Internet.

Adendo 3:

Precessão dos Equinócios

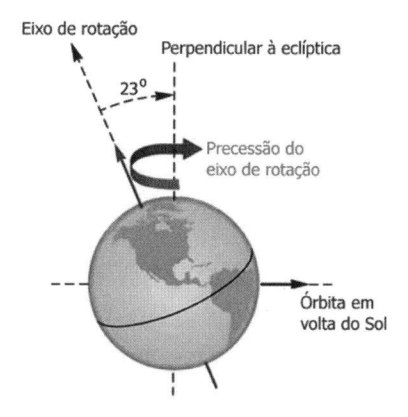

Precessão dos Equinócios

Esse movimento – que ocorre a cada 26.000 anos aproximadamente, num processo contínuo e imperceptível – consiste numa espécie de oscilação circular, semelhante à de um pião a morrer, e por virtude da qual o eixo da Terra, **mudando de inclinação**, descreve um duplo cone cujo vértice está no centro do planeta, abrangendo as bases desses cones a superfície circunscrita pelos círculos polares, isto é, uma amplitude de 23 e ½ graus de raio.

Kardec aventa uma conjectura sobre o dilúvio universal, fato que, segundo seus estudos, é certo que se deu, esclarecendo que "A suposição mais generalizada é a de que *uma brusca mudança sofreu a posição do eixo e dos polos da Terra*; daí uma projeção geral das águas sobre a superfície. Se a mudança se houvesse processado lentamente, a retirada das águas teria sido gradual, sem abalos, ao passo que tudo indica *uma comoção violenta e inopinada*. Ignorando qual a verdadeira causa, temos que ficar no campo das hipóteses".

Fonte da ilustração: Internet

Adendo 4:

A Ciência Enlouquecida

A Ciência Enlouquecida

Os avanços tecnológicos vêm colocando enormes desafios para a paz e a segurança internacionais. Estamos vivendo um período em que a guerra começa a operar por outros meios, não o convencional, como entendido até aqui, mas por instrumentos eletrônicos cada dia mais sofisticados.

A guerra cibernética com objetivos militares ofensivos, com vírus nos computadores iranianos e a utilização de veículos aéreos não tripulados (Vants ou "drones") na eliminação de líderes da Al-Qeda, desafia as normas internacionais vigentes e coloca questões morais e políticas que deverão ser enfrentadas pela comunidade internacional.

Os EUA foram os primeiros a criar um Comando para a cibernética, o que, segundo os chineses, contribuiu para a militarização do sistema.

EUA e China, no contexto do Diálogo Estratégico e Econômico e de contatos militares regulares, começaram em 2011 a discutir formas para impedir a escalada dos ataques cibernéticos e meios para a rápida comunicação entre suas capitais. EUA e Rússia mantêm esses contatos há algum tempo e estabeleceram uma linha vermelha para evitar incidentes graves, o que talvez possa se repetir com a China. Contatos regulares com Israel e com os países da Organização do Tratado do Atlântico Norte (OTAN) estão se intensificando.

A utilização de arma cibernética tenderá a se acentuar, podendo causar enormes problemas para a população civil, caso energia, transporte e comunicações venham a ser afetados pela ação antagônica entre governos.

Os robôs militares operam, atualmente, no mar, na terra e no ar. Os países que desenvolvem robôs para fins de defesa estão se equipando com todo tipo de forças de combate e serviços de inteligência cuja capacidade operacional está aumentando continuamente.

As regras de conduta militar no teatro de operações determinam que a decisão do disparo de uma arma deve ser humana. Essa restrição começa a ser questionada com a multiplicação do uso militar dos robôs, porque já existe a possibilidade de os Vants de inteligência artificial aperfeiçoada, por exemplo, tomarem decisões letais de combate autônomas, baseadas nas informações de que dispõem.

À medida que a tecnologia se desenvolve e permite maior autonomia dos robôs, a ideia de máquinas controladas a distância por computadores tomando decisões que põem o mundo diante de questões morais é cada vez mais real e representa um grande desafio para a comunidade internacional.

(Texto condensado de Rubens Barbosa, "Guerra cibernética e robôs de defesa", Estado de S. Paulo, 26/06/12.)

Segundo Peter Singer, analista político do Brookings Institution, o uso de robôs será lugar comum nas guerras do futuro. O cenário mais provável do próximo embate no Oriente Médio, diz ele, não serão jatos riscando os céus, mas sim um conjunto de armas eletrônicas capazes de cegar a defesa aérea do inimigo, ao mesmo tempo derrubando as redes de eletricidade, internet e telefonia celular, além de interferência nas redes de rádio usadas por militares, polícia e bombeiro. Quem já passou por um blecaute sabe o caos que se segue. Enfim, as batalhas cibernéticas serão mais parecidas com o que lemos nos livros de ficção científica do que nos de história militar.

(Texto condensado de René Decol, "Zangões teleguiados", O Estado de São Paulo, 18/12/11.)

Fonte da ilustração: Internet.

Poema de encerramento

O Príncipe de Branco

"Nesse tempo se levantará Miguel, o grande Príncipe,
o defensor dos filhos do teu povo."
(Daniel, 12:1.)

Diz velha profecia, agora revelada,
Que quando se esfriar a fé nos corações,
E a mais triste miséria achar, desesperada,
A Humanidade em fuga, ao berro dos canhões;

E quando a Terra toda arfar, aniquilada,
Nas garras do Anticristo em alucinações,
Então, verá surgir, trazendo a Paz sonhada,
O Príncipe de Branco – Arauto das Nações!

Ele aparecerá tão milagrosamente,
Vencendo o rei da treva e anunciando a Luz,
Que muitos o verão de Oriente a Ocidente.

E lutará sem trégua, até que os atos seus
Transformem cada lar – na Igreja de Jesus,
E cada coração – na Religião de Deus!

Bibliografia

(Abreviaturas em ordem alfabética)

ACL – A Caminho da Luz – Emmanuel/Francisco C. Xavier – FEB, 1975.

AFP - Assim Falaram os Profetas – Ernst Izgur – Editora Livros de Portugal Ltda., 1943.

AG - A Gênese - Allan Kardec – 45ª ed. – FEB, 2004.

AGS – A Grande Síntese – Pietro Ubaldi – 9ª ed. – LAKE.

AK – Allan Kardec (Pesquisa Biobibliográfica e Ensaios de Interpretação) – Zêus Wantuil e Francisco Thiesen – 1ª ed. – FEB, 1980.

APDA - As Profecias de Daniel e o Apocalipse – Sir Isaac Newton (tradução de Júlio Abreu Filho) – Ed. Édipo, São Paulo.

BCMPE – Brasil, Coração do Mundo, Pátria do Evangelho – Humberto de Campos/Francisco Cândido Xavier – 31ª ed. – FEB, 2006.

CAT – Crônicas de Além-Túmulo – Humberto de Campos/Francisco C. Xavier – 12ª ed. – FEB, 1990.

COM – Comentários – Pietro Ubaldi – 1ª ed. – FUNDÁPU, 1985.

EBTR – E a Bíblia Tinha Razão... - Werner Keller – 11ª ed. – Melhoramentos.

EMI – Enciclopédia Mirador Internacional – Encyclopaedia Britannica do Brasil Publicações Ltda. – 1982.

EMM – Emmanuel – Emmanuel/Francisco Cândido Xavier – 8ª ed. – FEB, 1977.

EV – Estude e Viva – Emmanuel/André Luiz/Francisco Cândido Xavier/Waldo Vieira – 8ª ed. – FEB, 1996.

GM – Grandes Mensagens – Sua Voz/Pietro Ubaldi – 4ª ed. – FUNDÁPU, 1985.

H2A – Há 2000 Anos... – Emmanuel/Francisco C. Xavier – 15ª ed. – FEB, 1980.

IAK – Instruções de Allan Kardec ao Movimento Espírita – (Organizador: Evandro Noleto Bezerra) – 1ª ed. – FEB, 2005.

MA – Mensagens do Astral – Ramatis/Ercílio Maes – 2ª ed. Livraria Freitas Bastos.

NMM – No Mundo Maior – André Luiz/Francisco C. Xavier – 7ª ed. – FEB, 1977.

NOI – No Oásis de Ismael – Francisco Thiesen (compilador) – 1ª ed. – FEB, 1989.

OC – O Consolador – Emmanuel/Francisco Cândido Xavier – 7ª ed. – FEB, 1977.

OLE – O Livro dos Espíritos – Allan Kardec – (tradução de Evandro Noleto Bezerra) – 1ª ed. – FEB, 2006.

OLP – O Livro das Profecias – Mozart Monteiro – 3ª ed. – Ed. Cruzeiro.

OP – Obras Póstumas – Allan Kardec – 28ª ed. – FEB, 1998.

OQE – Os Quatro Evangelhos – J.-B. Roustaing – 5ª ed. – (4 vols.) – FEB, 1971.

OTM – O Terceiro Milênio – Irmão X/Aiçor Fayad – Ed. Nova Era – São Paulo

PE – Paulo e Estêvão – Emmanuel/Francisco Cândido Xavier – 11ª ed. – FEB, 1975.

PN - Pão Nosso – Emmanuel/Francisco Cândido Xavier – 13ª ed. FEB, 1987.

RE – Revista Espírita – Allan Kardec – FEB (vols. de I a XII), 2004/2005.

REF – Reformador – mensário da FEB.

SV – Seareiros de Volta – Diversos Autores Espirituais/Waldo Vieira – 4ª ed. – FEB, 1987.

TCX – Testemunhos de Chico Xavier – Suely Caldas Schubert – 1ª ed. FEB, 1986.

THPD – Testemunhos Históricos das Profecias de Daniel – Araceli S. Mello – Impresso na Gráfica Editora Laemmert S.A., Rio de Janeiro, 1968.

VE – Viagem Espírita em 1862 e Outras Viagens de Kardec – Allan Kardec – 1ª ed. – FEB, 2005.

ENRIQUEÇA
SEUS CONHECIMENTOS

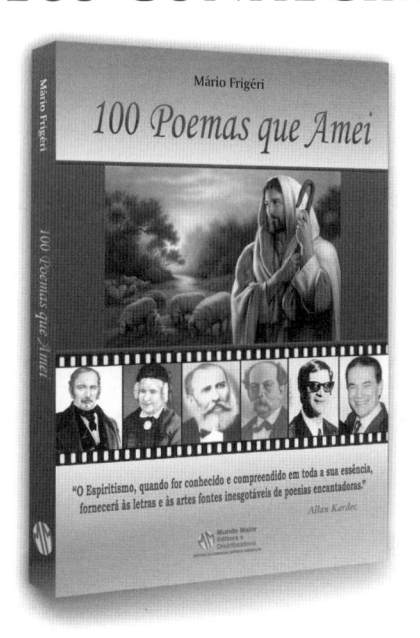

100 Poemas que Amei

Mário Frigéri

Os *100 poemas que Amei* versam sobre os temas mais recorrentes da alma humana, como a Vida e a Morte, o Amor e o Ódio, a Luz e a Treva, a Paz e a Guerra, a Angústia e o Perdão.

www.mundomaior.com.br

Acesse nosso *site* e redes sociais.

www.mundomaior.com.br

DESPERTANDO CONHECIMENTO

Curta no Facebook
Mundo Maior

Siga-nos
@edmundomaior

WordPress
Acesse nosso Blog:
www.editoramundomaior.wordpress.com